社交网络情境下消费者口碑生成研究

李 研 著

RESEARCH ON
THE GENERATION OF
CONSUMER
WORD-OF-MOUTH
IN SOCIAL NETWORK CONTEXT

经济管理出版社
ECONOMY & MANAGEMENT PUBLISHING HOUSE

图书在版编目（CIP）数据

社交网络情境下消费者口碑生成研究/李研著.—北京：经济管理出版社，2022.4
ISBN 978-7-5096-8409-2

Ⅰ.①社⋯　Ⅱ.①李⋯　Ⅲ.①消费者行为论—研究　Ⅳ.①F036.3

中国版本图书馆 CIP 数据核字（2022）第 066471 号

组稿编辑：范美琴
责任编辑：范美琴
责任印制：黄章平
责任校对：董杉珊

出版发行：经济管理出版社
　　　　（北京市海淀区北蜂窝 8 号中雅大厦 A 座 11 层　100038）
网　　址：www.E-mp.com.cn
电　　话：（010）51915602
印　　刷：北京晨旭印刷厂
经　　销：新华书店
开　　本：720mm×1000mm/16
印　　张：10.75
字　　数：163 千字
版　　次：2022 年 6 月第 1 版　2022 年 6 月第 1 次印刷
书　　号：ISBN 978-7-5096-8409-2
定　　价：88.00 元

·版权所有　翻印必究·

凡购本社图书，如有印装错误，由本社发行部负责调换。
联系地址：北京市海淀区北蜂窝 8 号中雅大厦 11 层
电话：（010）68022974　邮编：100038

前　　言

在社交网络时代，口碑营销是企业在营销沟通管理中不可或缺的重要环节。对于那些直接面向消费者的企业（即 B2C 企业）来说，忽视口碑的建设与管理可能会给企业造成巨大的损失。口碑营销具有其他营销沟通模式所没有的作用，同时它也是一种成本比较低的接触客户或潜在客户的营销方式。企业除了要有效地避免负面口碑的传播和蔓延，同时也应该想方设法地刺激消费者积极主动地分享正面口碑，甚至是中性口碑。口碑营销看似低成本的背后，隐含的却是营销智慧的支持。没有出色的产品设计和精心策划的口碑营销模式，不可能在社交网络上引爆流行，不可能让消费者不计回报地积极主动分享产品或购买信息，更不可能实现看似一本万利的病毒营销。

鉴于社交网络口碑对于企业营销管理的重要意义，本书重点探讨了以下问题：消费者为什么要在社交网络中发布口碑信息？哪些因素有助于激发消费者积极主动地分享正面或中性的口碑信息？是否存在某些因素在不同情境下会对消费者口碑生成产生相悖的影响效应？哪些情境性因素会促进或抑制消费者分享社交口碑？哪些消费者个体或主观因素会促进或抑制口碑的分享？社交网络平台的主观特征如何影响消费者分享口碑？等等。为了有效地开展实证研究，本书将通过三个系统的研究设计展开，其研究主题分别为：社交网络情境下消费者口碑生成的影响因素模型、社交网络情境下稀缺性对消费者口碑生成的影响、社交网络平台的主观特征对消费者口碑生成的影响。其中，第一部分为实证定性研究，而第

二、第三部分为实证定量研究。

第一部分"社交网络情境下消费者口碑生成的影响因素模型"的研究中，主要采用了基于扎根理论的质性研究方法，以新浪微博中消费者真实口碑为研究对象，通过开放式编码、主轴编码、选择性编码和理论饱和度检验四个步骤，构建了消费者口碑生成的影响因素模型。在该理论模型中，促进口碑生成的客观因素包括特定消费情境（情感性、初始性、稀缺性和过程性）和特定产品/服务属性（趣味性、独特性、昂贵性和情感性）；促进口碑生成的主观因素涉及消费者对产品/服务的满意（对单一属性的认可/满意和对整体的认可/满意）和积极情绪（积极自我意识情绪、高唤起积极情绪和中等唤起积极情绪）。客观因素可能直接促进口碑的生成，也可能通过消费者主观因素间接促进口碑生成。很多时候不是单一因素而是多重因素共同促进口碑的生成。第一部分通过焦点小组访谈法进一步发现，相比于线下口碑，社交网络口碑在内容上具有语义和图片等多种形式，具有信息凝练和口碑对象广泛的特点，其生成过程具有受即时情绪影响、无时间和地点限制的特点，其生成之后的影响具有可以仅展示而不互动、可以找到更多共鸣者的特点。

第二部分"社交网络情境下稀缺性对消费者口碑生成的影响"的研究中，主要采用了行为学领域的系列实验方法，重点探讨了产品稀缺性对消费者在社交网络中口碑分享意愿的积极与消极双重影响效应。通过一个预实验和三个实验研究发现，稀缺产品面对人际网络的社会可视性对消费者感知效用起到了倒"U"形的影响效应；当产品具有较高的面对人际网络的社会可视性时，稀缺性对消费者口碑的正向影响会被削弱；稀缺性对消费者在社交网络中口碑分享意愿的正向影响受到了获得型印象管理和产品会话价值的共同中介作用；产品社会可视性在稀缺性影响消费者口碑分享意愿过程中的调节效应受到了消费者自我建构类型的影响，对于依存型（vs. 独立型）自我建构的消费者来说，社会可视性的调节效应较强；对于社会可视性水平较高的产品，稀缺性负向影响了依存型自我建构的消费者在社交网络中分享口碑的意愿，在这一过程中保护型印象管理起到了完全中介作用。

第三部分"社交网络平台的主观特征对消费者口碑生成的影响"的研究中，主要利用问卷调查法收集数据以展开实证定量研究。这一研究在知名问卷调研网站"问卷星"上利用其样本库成员付费发放问卷，最终收集了来自普通消费者人群填答的369份有效问卷。通过结构方程模型分析发现，社交网络平台的感知匿名度与感知人际亲密度呈负相关，而平台好友数量与感知人际亲密度呈正相关。对于不同效价的口碑，平台的主观特征对口碑分享意愿的影响存在差异。对于正面口碑，感知匿名度显著负向影响了消费者口碑分享意愿，而感知人际亲密度和平台好友数量均显著正向影响了消费者口碑分享意愿。但是，对于负面口碑，只有感知人际亲密度显著正向影响了消费者口碑分享意愿，感知匿名度和平台好友数量与负面口碑分享意愿无显著相关性。此外，相比于负面口碑，人们对正面口碑的隐私设置程度更低，即人们更愿意把正面口碑分享给更多的好友。

随着社会的变迁、时代的更迭，人类的根本需求却从未改变，改变的只是在外部环境影响下的具体行为表现。归根结底，社交网络塑造出的口碑现象依旧是在人类最根本的社会心理需求牵引下的行为表现。但如何通过社交网络这一"华丽外表"洞察消费者的内心，仍需要我们用科学的研究方法透过现象看到本质。总而言之，本书的内容和研究发现对于深入理解社交网络情境下的消费者口碑分享行为具有较强的理论与实践价值。

目　　录

第一章　引言 ··· 1

　　第一节　研究背景与问题提出 ··· 1
　　　　一、研究背景 ·· 1
　　　　二、研究问题的提出 ·· 4
　　第二节　研究创新点及研究意义 ·· 6
　　　　一、研究创新点 ··· 6
　　　　二、研究意义 ·· 8
　　第三节　研究方法与研究框架 ··· 10
　　　　一、研究方法 ·· 10
　　　　二、研究框架 ·· 11

第二章　消费者口碑的研究基础 ·· 15

　　第一节　消费者口碑的概念与分类 ······································· 15
　　　　一、口碑的概念 ··· 15
　　　　二、口碑的分类 ··· 17
　　　　三、社交网络口碑 ·· 19
　　第二节　消费者口碑研究的现状 ·· 20

一、消费者口碑研究的分类 ... 21
二、消费者口碑生成的动机 ... 21
三、影响口碑生成的信息因素 ... 26
四、影响口碑生成的情境因素 ... 29
五、影响口碑生成的个体因素 ... 32

第三节 相关理论基础 ... 35
一、印象管理理论 ... 35
二、自我建构理论 ... 38
三、情绪的唤起—效价模型 ... 40
四、稀缺效应 ... 43
五、病毒营销 ... 46

第三章 社交网络情境下消费者口碑生成的影响因素模型 ... 51

第一节 基于扎根理论的研究设计与方法 ... 51
一、口碑文本的收集 ... 52
二、扎根研究方法 ... 53
三、模型解释 ... 64

第二节 焦点小组访谈法 ... 71
一、方法介绍 ... 71
二、访谈设计 ... 72
三、主要结论 ... 73

第三节 本章小结 ... 76

第四章 社交网络情境下稀缺性对消费者口碑生成的影响 ... 77

第一节 假设的提出 ... 77
一、稀缺性对消费者口碑的积极影响 ... 77
二、稀缺性对消费者口碑的潜在消极影响 ... 79

  三、面对人际网络的产品社会可视性的调节作用 ……………… 80

  四、消费者自我建构类型的调节作用 …………………………… 83

 第二节 实证研究方法 ……………………………………………… 85

  一、预实验 ………………………………………………………… 85

  二、实验一 ………………………………………………………… 86

  三、实验二 ………………………………………………………… 89

  四、实验三 ………………………………………………………… 92

 第三节 本章小结 …………………………………………………… 97

第五章 社交网络平台的主观特征对消费者口碑生成的影响 ……… 98

 第一节 假设的提出 ………………………………………………… 98

  一、正面口碑与负面口碑生成的动机比较 ……………………… 99

  二、社交网络平台的感知匿名性 ………………………………… 100

  三、社交网络平台的感知人际亲密度 …………………………… 102

  四、社交网络平台的好友数量 …………………………………… 104

 第二节 实证研究方法 …………………………………………… 106

  一、样本与设计 …………………………………………………… 106

  二、变量测量 ……………………………………………………… 108

  三、共同方法偏差 ………………………………………………… 109

  四、实证结果 ……………………………………………………… 112

 第三节 本章小结 …………………………………………………… 115

第六章 结论与讨论 …………………………………………………… 116

 第一节 主要研究结论 …………………………………………… 116

  一、社交网络情境下消费者口碑生成的影响因素模型 ………… 116

  二、社交网络情境下稀缺性对消费者口碑生成的影响 ………… 117

  三、社交网络平台的主观特征对消费者口碑生成的影响 ……… 118

第二节 理论贡献与实践启示 ·················· 119
　一、理论贡献 ···························· 119
　二、实践启示 ···························· 121
第三节 研究局限与未来研究方向 ················ 125

参考文献 ································ 128

第一章 引言

本章主要介绍了消费者口碑研究的背景,特别是社交网络情境下口碑研究的背景,在此基础上提出了在社交网络情境下消费者口碑生成的影响因素模型、社交网络情境下产品特征对消费者口碑生成的影响、社交网络平台的主观特征对消费者口碑生成的影响这些具体研究问题,阐述了本书的研究创新点、研究意义、研究方法和整体研究框架等。

第一节 研究背景与问题提出

一、研究背景

口碑作为一种古老的营销方式自商品经济时代就开始出现。古语云:"劝君不用镌顽石,路上行人口似碑。"后人以"口碑"喻指众人口头的颂扬。口口相传甚至可以达到刻碑般纪功颂德的效果。人们对营销信息的信任度正处在有史以来的最低点,与此同时却更加信任亲人、朋友甚至是陌生人传递的产品信息,即口碑。口碑是两个没有任何商业目的的交流者和接受者之间进行的关于公司或组织的产品或服务的一种非正式交流(Buttle,1998)。口碑往往比广告、促销活动或其他营销沟通模式更具效率（Yap, Soetarto and Sweeney, 2013）。消费者会更信赖其他消费者传递的信息而胜于企业传递的信息，因为企业会为了销售而制造信息偏差，而其他消费者一般情况下不会。口碑影响了大约70%的购买行为（Balter, 2008），而且消费者一直都将口碑视为最可靠的信息来源（Bickart and Schindler, 2001）。消费者在购买产品和服务前，也越来越依赖其他消费者的评价和意见（Barreda, Bilgihan and Kageyama, 2015）。口碑可以提高品牌感知度、促进新产品扩散、提高产品销量，从而增加企业利润和市场竞争力（Liu, 2006）。

过去，口碑仅限于熟人之间的面对面沟通，然而随着社交网络的快速发展，口碑的形式和扩散方式也发生了改变。信息不再像以前那样只是单向传播，而是形成了多对多的立体网状结构。电子口碑和在线评论促成了更快的信息扩散（Goldenberg, Libai and Muller, 2001）。在自媒体时代，人们的想法和观点可以随时通过微博、微信、博客、网络论坛等社交网络平台发布和传播，极大地提升了口碑信息的人际影响力。很多消费者会主动使用社交网络向其他人传播一些产品反馈的意见。例如，一些技术领先型企业在发布新产品时，会有很多粉丝型顾客连夜排队购买新产品，当率先购买到新产品时，一些消费者会迫不及待地在社交网络上发布产品照片和使用体验。消费者越来越热衷于在社交媒体上交流信息，经常会使用社交网络平台与朋友交流，也包括对产品或服务的口碑信息的交流。在消费者决策制定过程中，社交网络的角色变得十分重要（Barreda, Bilgihan and Kageyama, 2015）。相关研究表明，社交谈论（Social Talk）每天会产生33亿条品牌印象（Brand Impression）的内容（Keller and Libai, 2009）。有关产品或品牌的信息增加了产品知名度（Product Awareness），并说服人们去尝试这些事物（Van den Bulte and Wuyts, 2009）。

社交网站上的人际网络常来自现实生活中已经存在的熟人网络，其口碑信息相比于陌生人来说更可信和可靠（Chu and Kim, 2011）。与以往的网络口碑营销相比，社交网络所承载的社交关系的真实性使营销信息变得更有说服力，因为现实生活中的好友对某个产品或服务的看法总是比陌生网友的观点更加可靠，也更值得参考（李本昂，2011）。埃森哲管理咨询公司在其2014年的调查中发现，口碑传播是中国消费者获取产品信息最主要的方式，73%的消费者表示经常向朋友推荐他们购买的产品。很多公司已经开始利用消费者的社交网络联系人开展营销活动。企业一直都在努力寻找接近消费者的最佳途径，而这条最佳途径可能就是通过消费者的同龄群体来了解和发现消费者。例如，如果一名消费者选择了在假期去蹦极，说明他对极限运动感兴趣，因而他的一些同龄的好友很可能有同样的兴趣，这便是社会属性定向的效果所在。社交网络和口碑营销在企业营销活动中的地位不断提高，如何利用消费者的社交网络帮助企业进行营销活动激发了营销实践者的浓厚兴趣（Van den Bulte and Wuyts，2009）。可见，非常有必要探究产品或服务在社交网络环境中的口碑效应（Lee，Son and Lee，2012）。

口碑可以被定义为消费者之间的并非商业驱动的信息互动交换（Baker，Donthu and Kumar，2016）。口碑包括客观的信息和其中的情感，它可以根据效价分为正面口碑和负面口碑（Baker，Donthu and Kumar，2016）。有证据显示，正面口碑通常比负面口碑更多地影响消费者的购物意愿（East，Uncles，Romaniuk and Lomax，2016）。研究正面口碑的影响因素与作用机制具有较强的理论与实践价值。在线口碑行为可以进一步分为四个阶段，即"生成、传播、搜索、使用"，这些阶段覆盖了从信息创造到信息消费的整个过程。一些关于口碑的研究探讨了来自信息接受者视角的"传播、搜索、使用"，而另一些研究探讨了来自信息发出者的第一个阶段"生成"（Harrison-Walker，2001）。口碑生成是指消费者分享有关产品和服务的个人经验（De Angelis et al.，2012）。很多关于消费者口碑的研究（Berger，2014；Chu and Kim，2011；Trusov，Bucklin and Pauwels，2009）并没有细分正面口碑（如积极推荐）和中性口碑（如对购买过程和产品细节等信息的分享）。与此一致，本书所指的消费者口碑通常包含正面口碑和中性口碑。后文将"正面口碑和中性口碑的生成"简称为"口碑生成"，除非特意标注成"负面口碑"。本书主要关注消费者在社交网络情境下的口碑生成这一问题。

二、研究问题的提出

鉴于口碑特别是社交网络口碑对于企业营销管理、客户接触效果、客户关系维护、品牌形象塑造等方面的重要性，本书将研究视角集中于消费者自己发布的个人相关购买经历的口碑内容，关注于消费者为什么要在社交网络中发布口碑信息，哪些因素有助于激发消费者积极主动地分享正面或中性的口碑信息，是否存在某些因素会在不同情境下对消费者口碑生成产生相悖的影响效应，哪些情境性因素会促进或抑制消费者分享社交口碑，哪些消费者个体或主观因素会促进或抑制口碑的分享等。总结来看，本书主要从以下三个主题出发提出相关的具体研究问题：

（一）社交网络情境下消费者口碑生成的影响因素模型

过去有关口碑生成的研究主要涉及消费者发布口碑的心理动机（Berger and Milkman, 2012; Lovett, Peres and Shachar, 2013; Rimé, 2009; Hennig-Thurau, Gwinner, Walsh and Gremler, 2004）、影响口碑生成的社会情境（Barasch and Berger, 2014; Chen and Berger, 2013）、产品特征（Chen and Berger, 2013; Buttle, 1998）等。而口碑在什么样的消费情境中容易出现？具备什么属性的产品或服务容易出现口碑？哪些情绪容易激发消费者生成口碑？这些问题尚没有得到全面的探讨。社交网络使人们可以不受时间和空间限制去传播关于自己和社会问题的信息和观点（Lee, Son and Lee, 2012），从而使口碑的生成和影响更加容易，研究社交网络情境下的消费者口碑更符合实践发展的需要。因此，本书的第三章将重点探讨在社交网络情境下影响消费者口碑生成的各类因素，包括消费情境，产品/服务属性，特定情绪和情绪唤起，消费者对产品/服务的满意以及这些因素之间的相互关系。

（二）社交网络情境下产品特征对消费者口碑生成的影响

企业在营销沟通中使用稀缺声明是很常见的，广告和其他说服信息中的稀缺声明可以增加人们对产品的欲望，还能够吸引消费者注意。以往关于稀缺性对消费者影响的研究，集中于稀缺性对产品评价和购买行为的影响（Verhallen and

Robben，1994)、稀缺性在促销情境中的作用（Kristofferson，Mcferran，Morales and Dahl，2017)、稀缺心理引发的自私行为（Roux，Goldsmith and Bonezzi，2015）等，鲜有研究探讨稀缺性对口碑的影响。很多因素会正向影响消费者社交网络上发布产品或服务的口碑信息，如事物的趣味性（Chen and Berger，2013)、有用性（Wojnicki and Godes，2017)、易达性（Berger and Schwartz，2011；Lovett，Peres and Shachar，2013）。

  一般来看，稀缺性对消费者社交口碑具有促进作用。例如，相比于普通皮包，限量版皮包的稀缺性更强，更容易激发消费者在社交网络中发布产品信息以及"晒图"的欲望。越昂贵的、不容易得到的、得到的人较少的事物，越容易被消费者"晒图"和传播社交口碑。那人们为什么会更喜欢在社交网络上发布稀缺事物的信息？这一问题在现有文献中尚未得到清晰的答案。另外，在有些情况下，稀缺信号反而抑制了人们传播社交口碑。例如，如果消费者认为难得的出国旅游经历可能会招致他人嫉妒和厌烦，认为这可能会给别人留下炫耀和不谦和的印象，相比于常见的城市周边游，消费者会更不愿意分享自己的出国游经历。又如，依存型自我建构的消费者喜欢与他人保持一致性（Markus and Kitayama，1991；Singelis，1994)，相比于大众化的产品，这类消费者获得了别人没有的限量版产品反而抑制了他们的传播口碑。可见，稀缺信号对消费者社交口碑的影响不应一概而论，其积极或消极影响会因人因情境而异。因此，本书的第四章将重点探讨正面口碑的一个诱发因素——产品或服务的稀缺性。主要研究问题包括：第一，稀缺性究竟会如何影响消费者生成口碑，这种影响是积极的还是消极的；第二，稀缺性对消费者口碑产生积极或消极影响的内在作用机制是什么；第三，在何种情况下会产生积极影响，在何种情况下反而会产生消极影响，其中的作用机制是什么。

  （三）社交网络平台的主观特征对消费者口碑生成的影响

  大部分关于口碑生成前置因素的研究关注于产品特征（Chen and Berger，2013；Bastos and Brucks，2017)、公司行为（Zhu，Nakata，Sivakumar and Grewal，2013；Swanson and Kelley，2013）或消费者分享动机（Berger，2014；Wojnicki and Godes，2017），很少有研究探讨社交网络平台的特征对消费者口碑分享的影响。不同的社交网络平台或者同一社交网络平台的不同登录账号会具有不同的主观特征。主观特征是指消费者在某一个社交网络平台上所特有的属性，如感知匿名度、感知人际亲密度、平台好友数量。这些特征是某一消费者在某一平台上所特有的，并不代表其他人在该社交网络平台也有这样的特征。这些主观特征会对消费者的口碑分享意愿和分享内容产生很大的影响，但现有文献尚缺乏相关研究。基于此，本书的第五章试图探讨以下问题：第一，社交网络平台的三种主观特征（感知匿名度、感知人际亲密度、平台好友数量）之间的相关性；第二，社交网络平台的三种主观特征（感知匿名度、感知人际亲密度、平台好友数量）如何影响消费者在该平台上分享正面和负面口碑。

第二节　研究创新点及研究意义

一、研究创新点

本书主要涉及三个主题的研究，据此探讨各个研究的创新之处：

第一，关于"社交网络情境下消费者口碑生成的影响因素模型"的研究，其创新点主要在于通过探索性研究，为社交网络情境下消费者口碑生成的影响因素构建出一个比较系统的理论框架，弥补了以往定量研究存在的不足。综观口碑生成的相关研究，多数研究主要通过心理学实验、调查问卷等定量研究方法检验理论假设，但定量研究只能考察少数变量对口碑生成的影响，而无法综合考察各类因素；产品或品牌因素都是被单独考察的，可能存在其他产品属性因素也会影响口碑生成；情绪在口碑生成过程中的探讨较少，而且几乎没有研究对具体情绪进行细分；情境因素更多地考虑了基于群际差异的社会情境而没有涉及具体的消费情境；专门研究社交网络情境下口碑生成的文献较少，而该情境对口碑生成会存在一定的影响。第三章在国内外相关研究的基础上，针对社交网络情境下的口碑生成进行了基于扎根理论的研究设计，从而可以探讨那些在定量研究下未曾涉及的话题或影响因素。根据在新浪微博上广泛收集到的真实口碑文本，本书创新地析出了过去未曾提及的维度，如具体的消费情境、具体的情绪体验，从而进一步补充和丰富了口碑生成相关的文献。

第二，关于"社交网络情境下产品特征对消费者口碑生成的影响"的研究，其创新点主要在于利用系列实验的方法，深入探讨了产品稀缺性对消费者在社交网络情境下生成口碑的正向影响和潜在负向影响，尤其是拓展了稀缺性潜在的负向效应。过去有关稀缺效应的研究集中于产品、服务或购买机会的稀缺性会产生感知价值提升、购买意愿增加、口碑意愿提高等一系列趋向性的积极影响。而第四章的研究则创新性地提出了存在负向稀缺效应的可能性，也就是产品、服务或购买机会的稀缺性未必一定会带来更积极的消费者反应，也可能产生恰好相反的负向影响效应。此部分的研究不仅有效地丰富了消费者口碑生成相关的文献，还对经典的稀缺效应理论做了一定的补充。此外，第四章还创新性地将印象管理理论应用于社交网络用户心理的研究，在综合考察了面对人际网络的产品社会可视性和消费者自我建构特征的前提下，利用获得型印象管理和保护型印象管理作为内在机制解释了口碑的积极稀缺效应与消极稀缺效应。

第三，关于"社交网络平台的主观特征对消费者口碑生成的影响"的研究，其创新点主要在于利用问卷调查的方法，创新性地考察了社交网络平台的三种主观特征（感知匿名度、感知人际亲密度、平台好友数量）对消费者正面口碑和负面口碑生成的影响。该研究首次涉及社交网络平台因素的影响，不同于以往定量研究中侧重的产品因素、消费者个性因素或消费情境因素。第五章的分析还是现有文献中较为少见的有关正面口碑和负面口碑的对比性研究。以往文献大多单独考察正面口碑或者负面口碑的影响因素，很少有研究同时考察两者。此外，第五章的创新点还表现在对社交网络平台的三种主观特征（感知匿名度、感知人际亲密度、平台好友数量）之间的正向或负向相关性进行探讨。虽然问卷调查法并不能证明变量之间的因果关系，但是可以通过路径分析或回归分析证实变量之间的相关性。社交网络平台的三种主观特征之间的相关性也是前人的研究中未曾涉及的内容。

二、研究意义

关于口碑营销的研究已经持续了几十年，只不过在社交网络时代，口碑传播的影响力出现了爆炸式的增长，进入一个全新的发展阶段。20 世纪 80 年代，中国市场上的物资还处于相对匮乏的状态，那时的人们所需要的口碑更多的是关于如何才能获得产品或服务的信息。随着中国经济和生产力的快速发展，消费市场进入了产品供过于求而居民平均收入持续增长的阶段。消费者开始有资格和条件在众多产品和品牌中随意挑选自己最中意的产品，购物的过程似乎变得更加美好和幸福。然而，过多的备选方案并没有让人们感觉到舒适，因为太多的备选方案意味着要花费更多的时间和精力去筛选，使得购买或选择决策变得复杂和困难，也使得购后出现了更多的决策后悔的情况。此时，口碑变成了人们简化决策，提高决策效率和效果的良好信息渠道。

互联网的发展使人们获得口碑的途径发生了根本性的改变，从过去以亲友为主的有限人际网络中获取信息，变为当今可能从全世界范围内广泛获取海量口碑信息。然而，陌生人的口碑终究不及认识的人分享的口碑更令人信服。于是，建立在具有一定人际识别度的社交网络情境下的口碑信息，成为当今影响力最大、影响效果最好的说服信息。这种具有营销属性却并非来自企业的信息，天生具有一种独特的魅力。口碑的魅力尤其表现在它需要企业付出的成本非常低，甚至趋近于零，而其潜在的营销效果却不可限量。相比于广告信息所花费的巨额营销支出，这种口碑营销信息似乎是一本万利的模式。近年来，不少企业围绕如何才能实现自家产品的病毒营销而煞费苦心。

近年来，内容营销的概念在互联网广告、新媒体营销等业界广泛传播，企业意识到可以利用图片、文字、动画等介质帮助企业传播特定的信息给目标客户，从而达到信息传播的效果。内容营销与口碑营销虽然都涉及信息传播，但并不属于同一领域。内容营销中的信息是企业所设计的，很容易被识别为"企业故意为之"，而口碑营销中的信息是消费者自己主动分享的，更可能被其他消费者认为是客观的和真实的，两类信息具有根本性的区别。内容营销主要探讨企业所设计的营销方案是否具有传播性的问题，而本书重点关注于理解口碑信息在社交网络中出现和传播的本质。鉴于口碑信息留存的持久性和影响力的深远性，企业管理者有必要明确社交网络情境下口碑信息被分享和持续传播的理论机制。

口碑无论在售前还是售后，都可以发挥重要作用。一方面，企业可以想办法刺激顾客分享产品或服务的口碑信息，使这些正面或中性的口碑成为企业的免费广告。企业可以积极组织线上留言和信息分享活动，促进有人际感染力的真实有效口碑的生成，避免利用"好评返现"、雇用"水军"等不正当手段获取虚假的正面口碑。另一方面，企业也可以将这些消费者自发的口碑视为免费的市场调研，从中汲取宝贵的情报信息。无论是发现、改进或优化现有产品或服务流程的不足，还是挖掘潜在消费需求或预测新的产品发展趋势，口碑都是宝贵的信息库。很多营销从业者已经开始使用电子口碑（eWOM），通过文本分析、情感分析、标签分析和其他机器学习工具来了解消费者（Verma and Yadav，2021）。因而，如何让消费者在社交网络中分享口碑信息具有重要的现实意义。

口碑是一把双刃剑，它既可以创造销售奇迹，也可以在某一时间毁掉一个品牌，使一家企业多年经营的心血付之东流。负面口碑的打击之沉重，甚至远远高于正面口碑所带来的潜在好处。正因如此，无论正面口碑还是负面口碑的管理对于任何面向顾客的企业来说都是不可或缺的。针对负面口碑，一是要设计预警机制，在消费者已经露出负面口碑迹象之际迅速做出反应，积极主动地处理问题将有助于负面口碑最小化；二是要设计应对机制，在负面口碑出现之后，利用口碑内容明确现有不足以及设计主动性售后服务流程，并利用平台提供的回复功能对负面口碑进行回应处理。负面口碑回复的内容会被长久地留在网络中，差评回复的设计不仅是为了修复之前出现的产品或服务问题，更重要的是，让后续的潜在消费者看到企业应对问题的态度和做法，这同样也是企业的一面旗帜。

本书的研究重点在于探讨如何促进社交网络情境下消费者正面口碑和中性口碑的生成。从营销实践角度来看，本书的研究结论对于企业理解什么样的产品或服务容易出现口碑、什么样的情境下容易出现口碑、什么类型的人群容易生成口碑、消费者为什么要生成口碑、哪些情绪会促进消费者生成口碑等问题具有重要启发。这些问题的深入探讨对于企业口碑营销方案的设计将具有理论指导价值。更重要的是，本书的研究结论将贡献于口碑生成方面的营销管理理论，特别是丰富社交网络情境下的消费者口碑研究，以及对社交网络用户心理方面的理论做出一定的补充。由于本书各项研究中涉及的被试、样本和被访者全都来自中国，因而在一定程度上使研究结论具有中国特色。本书的研究发现和结论还会对未来的跨文化口碑研究具有较高的参考价值。

第三节 研究方法与研究框架

一、研究方法

本书主要采用了三类研究方法，分别是基于扎根理论的质性研究、行为学实验法（系列实验法）、问卷调查法。不同的研究方法适用于不同的研究问题。

首先，扎根理论研究法是运用系统化的程序，针对某一现象发展并归纳式地引导出扎根的理论的一种定性研究方法。该方法基于归纳的定性分析技术，在社会学研究领域运用较多。该方法可以从现象中提炼理论，从而创建或丰富既有的理论体系。第三章研究将在新浪微博中收集原始资料（即消费者留下的真实口碑信息），因为消费者在社交网络上活动时会留下证据（即社会化足迹），这些口碑信息可以成为后续扎根研究的质性数据来源。该研究方法的主要优势在于可以观察到不被研究过程影响的可信信息。

其次，行为学实验法可以在通过实验控制排除不相关变量后，考察变量之间的因果关系。实验研究方法具有因果性强、可控性强、结论信度高等特点。实验法的优点是可以真正验证因果关系，从而实现研究的学术贡献和理论意义。在运用实验法对研究提出的各个假设进行验证时，可以在不同的实验中对同一自变量采用多种操纵方法，同时对同一因变量采用多种测量方法，以提高实验结果的内部效度（Internal Validity）。内部效度与所得结果的唯一解释性有关，是实验所提供的自变量与因变量之间因果关系明确程度的一种指标。

最后，问卷调查法是一种结构化的调查方式，其调查问题的表达形式、答题顺序、答题方式都是固定的，不易把主观偏见带入调查研究中，调查过程较为省时省力，调查结果更加容易量化，易于进行统计处理和分析。此外，问卷调查法能够进行较大规模的调查，第五章研究将通过国内知名的网上调查服务平台"问卷星"的样本服务发放调研问卷，从而增加样本的多样性和覆盖面，以提升研究结论的外部效度（External Validity）。外部效度是指研究得出的结论可以推广到不同时空范围和不同研究对象的可能性。

二、研究框架

本书在现有消费者口碑研究的基础上，采用定性研究和定量研究方法，依次探讨了社交网络情境下消费者口碑生成的影响因素模型、社交网络情境下产品特征对消费者口碑生成的影响和社交网络平台的主观特征对消费者口碑生成的影响，本书的框架结构如图1.1所示。

第一部分即第一章引言，基于研究的实践意义和理论视角，提出本书的研究背景、具体的研究问题、研究创新点和研究意义，以及针对不同研究问题的具体研究方法与本书的组织结构。

第二部分即第二章消费者口碑的研究基础，主要整理和归纳了消费者口碑的概念与分类，探讨了消费者口碑的研究现状，主要包括消费者口碑研究的分类、消费者口碑生成的动机、影响口碑生成的信息因素、影响口碑生成的情境因素和影响口碑生成的个体因素，以及本书中涉及的理论基础，主要回顾了印象管理理论、自我建构理论、情绪的唤起—效价模型、稀缺效应和病毒营销。

第三部分是针对具体研究问题的实证研究，包括第三章的扎根研究、第四章的实验研究和第五章的基于问卷调查的结构方程模型研究。

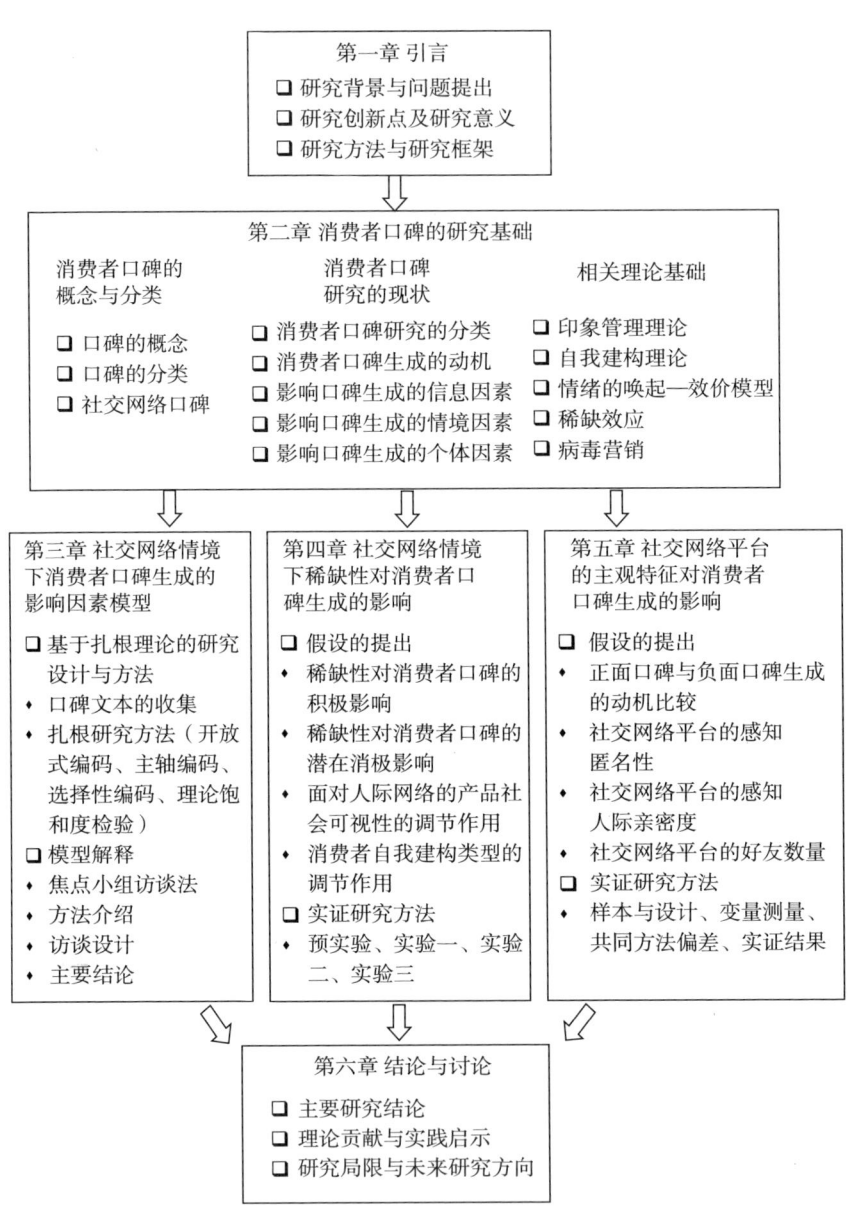

图 1.1　本书框架结构

资料来源：笔者整理。

第三章主要探讨了社交网络情境下消费者口碑生成的影响因素模型，主要采用基于扎根理论的研究设计与方法、焦点小组访谈法这两种定性研究方法。在扎根研究部分，首先说明了质性数据（即口碑文本）的来源与收集方法，然后采用扎根研究的基本流程"开放式编码—主轴编码—选择性编码—理论饱和度检验"，最后结合已有文献对整理出来的研究模型进行深入的阐述和解释。在焦点小组访谈法部分，首先对该研究方法进行了简要介绍，其次阐述了访谈的设计思路和信息来源，最后根据访谈文本得出社交网络情境下口碑生成的特点，并基于这些特点进一步探讨了扎根研究得出的理论模型在社交网络中的情境适用性。

第四章主要探讨了社交网络情境下产品或服务的稀缺性对消费者口碑生成的影响，主要包括假设的提出、研究模型一的构建、预实验和三个实验研究。在假设提出部分，首先探讨了稀缺性对消费者口碑的积极影响；其次探讨了稀缺性对消费者口碑的潜在消极影响，以及在稀缺性影响消费者口碑的过程中面对人际网络的产品社会可视性的调节作用；最后进一步探讨了产品社会可视性在发挥上述调节作用时会受到消费者自我建构类型的影响。在实验研究部分，为了证实研究假设推理过程中的一个关键逻辑环节，设计了预实验以证明存在稀缺产品社会可视性对消费者效用的倒"U"形影响函数。然后，通过三个系列实验研究，证实了研究的主效应以及可能存在的中介机制和调节效应。

第五章主要探讨了社交网络平台的主观特征对消费者口碑生成的影响，主要包括假设的提出、研究模型二的构建和基于问卷调查的实证研究方法。在假设提出部分，首先，对正面口碑与负面口碑生成的动机进行了比较；其次，探讨了社交网络平台的感知匿名性对正面口碑与负面口碑生成的影响；再次，探讨了社交网络平台的好友的感知人际亲密度对正面口碑与负面口碑生成的影响；最后，探讨了社交网络平台的好友数量对正面口碑与负面口碑生成的影响。在实证研究方法部分，首先介绍了样本来源和研究设计，其次阐述了变量测量方法，再次进行了共同方法偏差的检验，最后利用结构方程模型对数据进行了实证分析并检验了相关研究假设。

第四部分即第六章结论与讨论。本部分主要包括三个方面的内容：一是主要研究结论，展示了扎根研究方法下构建的社交网络情境下消费者口碑生成的影响因素模型，陈述了研究模型一（产品稀缺性对消费者口碑意愿的影响机制）和研究模型二（社交网络平台的主观特征对消费者口碑意愿的影响）中的假设检验情况；二是理论贡献与实践启示；三是研究局限与未来研究方向。

第二章　消费者口碑的研究基础

本章首先阐述了消费者口碑的概念与分类，还分析了社交网络口碑有别于其他在线口碑的特殊性；其次探讨了消费者口碑的研究现状，主要包括消费者口碑研究的分类（明确了本书的研究定位在于口碑生成），消费者口碑生成的动机（印象管理动机、社会交互动机、情感调控动机、信息获取动机、说服他人动机、利他主义动机），影响口碑生成的信息因素（新奇有趣、实用价值、情绪唤起、身份象征、高易达性），影响口碑生成的情境因素（口碑受众、网络匿名、财务限制、获取方式、时间阶段）和影响口碑生成的个体因素（创新者、意见领袖、市场行家、自恋、自尊、面子意识、独特性需求）。

第一节　消费者口碑的概念与分类

一、口碑的概念

口碑（Word-of-mouth，WOM）最早被定义为一种消费者之间的口头沟通（Whyte，1954）。后来，一些学者拓展了口碑的定义和范畴，他们指出，口碑不仅包括面对面沟通，还包含经由电话、传真等各种方式所产生的信息沟通

（Arndt，1967；刘向阳，2006），口碑内容涉及产品、品牌、组织和服务等（黄孝俊和徐伟青，2004），涉及消费者自己或他人的使用经验或经历（刘向阳，2006），属于一种非正式的沟通（Westbrook，1987），不具有商业目的（黄孝俊和徐伟青，2004；刘向阳，2006；Buttle，1998），包含正面和负面两种不同效价的内容（Tax et al.，1993）。董大海和刘琰（2012）对口碑、网络口碑和鼠碑进行了辨析。该研究指出，基于互联网的沟通并非都是新形式的口碑，有的可以称为"网络口碑"，有的需要用新词语"鼠碑"命名。具体而言，"鼠碑"是指网上社区中通过"帖子"进行的口碑沟通（董大海和刘琰，2012）。

早期的口碑研究认为，消费者满意是正面口碑出现的重要前置因素，而消费者不满意是负面口碑出现的重要前置因素（Sundaram，Mitra and Webster，1998）。也有学者指出，满意度和口碑之间的关系是不对称的"U"形关系，即特别满意或特别不满意的消费者会比中等程度满意或不满意的消费者产生更多的口碑，而且不满意所引发的口碑频率的增加会高于满意所引发的口碑频率的增加（Anderson，1998）。Sundaram、Mitra和Webster（1998）利用关键事件法研究发现，利他主义、产品介入、自我提升以及帮助企业是正面口碑传播相关的动机，而利他主义、减轻焦虑、报复企业和寻求信息是负面口碑传播相关的动机。Harrison-Walker（2001）指出，服务质量和顾客情感承诺（Affective Commitment）是口碑沟通的潜在前置变量。

近年来，一些学者研究发现，产品功能超出预期以及由此带来的积极情绪是口碑（特指正面口碑）生成的关键原因。例如，Goldfayn（2013）将科技类消费品分为一般商品、特殊商品和卓越商品，只有卓越商品才会拥有非常忠诚的口碑传播者。这类产品拥有超越消费者预期的优异功能，能给消费者带来兴奋、激动和惊喜。又如，Sernottz（世界口碑营销协会CEO）（2006）指出，产品能够带来惊喜是消费者谈论产品的重要原因。只有那些能让消费者感知到有非凡价值的产品才能创造惊喜，从而形成口碑。

二、口碑的分类

口碑根据效价可以分为正面口碑、中性口碑和负面口碑（Morgan and Rego, 2006; Keiningham, Aksoy, Cooil and Andreassen, 2008）。其中，正面口碑可以翻译为积极口碑，而负面口碑可以翻译为消极口碑。关于消费者口碑的很多研究（Berger, 2014; Chu and Kim, 2011; Trusov, Bucklin and Pauwels, 2009）并没有细分正面口碑（如积极推荐）和中性口碑（如对购买过程和产品细节等信息的分享）。与此一致，本书所指的消费者口碑通常包括正面口碑和中性口碑。有研究显示，对于公共性消费产品，包含积极推荐的口碑会比仅包含产品细节的口碑拥有更强的说服效果（Cheema and Kaikati, 2004）。事实上，中性口碑对企业也具有重要价值，因为它可以提高产品曝光度和知名度等，对企业来说也是一种免费的广告。为了激励消费者发布口碑推荐，企业常常实施推荐奖励政策。因此，口碑还可以分为纯粹口碑（Organic WOM）和企业激励口碑（Firm-stimulated WOM）（Schmitt, Skiera and Van den Bulte, 2011）。本书主要探讨纯粹口碑，而不涉及企业激励口碑。

口碑是消费者之间针对产品或购买等方面进行沟通的一种表现。沟通的一个重要维度就是它所发生的形式（Chafe and Tannen, 1987）。沟通可以分为口头沟通和书面沟通。口头沟通包含面对面的谈话、打电话、发语音短消息等；而书面沟通包含发邮件、在线发帖和评论、发短消息等。人们既可能会在线分享产品信息，也会在线下与朋友面对面地谈论产品（Consiglio, De Angelis and Costabile, 2018）。有研究发现，当消费者在移动设备上创建口碑内容时，相比于非移动设备，口碑内容更具情感性、更具体、更不极端（Ransbotham, Lurie and Liu, 2019）。谈论式口碑（即面对面谈话）与发帖式口碑（即在线信息分享）是口碑最为常见的两种形式（Consiglio, De Angelis and Costabile, 2018; Berger, 2014）。不同形式的口碑将会影响口碑的具体内容。例如，相比于谈话，书写语言会包含更短的文本、更长的单词、更多的属性和更多样化的词汇（Chafe and Tannen, 1987）。由于信息沟通渠道不同，人们在谈论产品和发帖分享产品信息时存在一定的差别，本章总结了谈论口碑与发帖口碑的主要差异，如表 2.1 所示。

表 2.1 谈论口碑与发帖口碑的差别

	谈论口碑	发帖口碑
时间	即时沟通、同时性；受到情境限制	非即时沟通、非同时性；不受情境限制
内容	语义、语气；信息不精练	包含语义、图片、视频等多种形式；信息精练
受众	受众人数少；受众指定	受众人数多；受众不指定
关注对象	信息受众	分享者自己
社交互动	社交互动关注度高	社交互动关注度低
自我提升	自我提升关注度低	自我提升关注度高

资料来源：笔者整理。

在谈论口碑中，人与人之间的信息交流内容包括语义、语气、表情和肢体语言等，但是表情和肢体语言并不是口碑本身的内容。在发帖口碑中，口碑内容中可以包含语义、图片、视频等多种形式。口头沟通与书写沟通的差异主要来源于非同时性和自我提升的关注，书写沟通的非同步性让人们有更多的时间去构建和提炼要说什么（Berger and Iyengar，2013）。口碑分享的方式（谈论或书写）会影响沟通者自己在后续对该品牌的反应。Shen 和 Sengupta（2018）研究发现，口头沟通对与信息受众的社会交互有更强的关注，因而口头沟通（口碑，Word-of-mouth）比书写（鼠碑，Word-of-mouse）更可能表达关于自我的思考（Self-related Thoughts），从而增加了自我—品牌联系（Self-brand Connection，SBC），因而应该更多地鼓励人们去谈论产品或品牌。但是，随着社交网络的快速发展，发帖、评论、留言等非谈话形式的口碑越来越多。有研究发现，在线评论有助于信息的传播，从而促进企业获取新客户（Goldenberg，Libai and Muller，2001；Schmitt，Skiera and van den Bulte，2011）。相比于谈论口碑，发帖口碑往往具有更广泛的传播效果，因为发帖时信息受众更多。因而，社交网络情境下的口碑尤其需要营销学者和实践者去关注。

三、社交网络口碑

在当今这个信息爆炸的时代，社交网络的存在使得信息的传播速度和规模都达到了空前的水平。社交网络改变了企业理解消费者行为的方式（Arora and Sanni，2019）。通过社交网络，营销者能够利用各种手段与消费者直接沟通（Lee and Watkins，2016）。社交网络平台充当了社交商务的中介，它使用户能够参与到产品和服务的营销活动中（Menon et al.，2016）。用户可以在社交网络上了解企业的产品并由此产生购买产品的计划（Hajli et al.，2017）。口碑在社交网络中表现为一种与产品、服务或与购买相关的信息。口碑信息对消费决策的影响变得越来越大（Chen，2017；Packard and Berger，2017），它驱动了多达50%的购买决策（Bughin，Doogan and Vetvik，2010）。在社交媒体和移动互联网时代，消费者之间有关产品或品牌信息的社会交互过程对消费决策的影响越来越大。

社交网络是人们与家人、朋友、同事分享和交流信息的重要渠道，成千上万名消费者会把访问社交网络作为日常生活的一部分。社交网络中的人际网络通常来源于现实生活中已经存在的熟人网络，其口碑信息相对于陌生人来说更可信和可靠。社交网络为消费者自我展露提供了难得的机会（Bareket-Bojmel，Moran and Shahar，2016）。在本书中，社交网络口碑是指消费者在社交网络中分享的与自己购买或消费相关的口碑信息。在自媒体时代，社交网络已经成为消费者口碑生成的重要平台，研究社交网络情境下的口碑生成更符合实践发展的需要。自我展露（Self-disclosure）是指，通过展露个人信息来与他人形成一种更亲密关系的行为（Huang and Dou，2016）。人们经常把自己的个人信息向他人展露，从而获得更好的人际关系。在社交网络中，人们常会选择性地自我展示，特意展示自己的某些好的特质而掩饰其他，从而提升自己的人际吸引力。

社交网络口碑事实上是一种消费者的自我展露行为。个体在使用社交网络时会探索和展示自我的不同方面，从而构建个体的身份（Subrahmanyam and Šmahel，2010）。消费者所购买或使用的产品和品牌在一定程度上反映了消费者自我的某些方面。消费者所选择、购买和使用的产品可以用于体现、证实或向他人传递个人的身份信息（Ekinci，Sirakaya-Turk and Preciado，2013）。口碑不仅包含产品本身的信息，更包含消费者自己的信息。通过品牌或产品的展露还可以帮助人们与他人建立关系和产生社会联系。一个品牌如果有机会展露拥有者相关的信息，就会有助于人们利用它与其他人建立亲密关系（Huang and Dou，2016）。消费者关于品牌的非说服性自我展露会比说服性信息更积极地影响其他消费者对品牌的感知，因为非说服性自我展露会降低其他消费者产生心理抗拒的可能性（Huang and Dou，2016）。

消费者并不会在社交网络中给所有购买或消费的事物发布口碑，而是会在特定情境下有选择性地对某些购买或消费的事物分享口碑。无论是情境因素还是事物本身，能够出现口碑现象主要是源于消费者产生了发布社交网络口碑的动机。例如，对于内生性口碑，消费者常会出于印象管理的动机去分享社交口碑。通过分享社交口碑可以帮助消费者管理留给他人的印象。印象管理是指人们试图控制留给他人的形象从而形成想要的印象的过程（Marder，Slade，Houghton and Archer-Brown，2016）。通过口碑信息分享可以帮助人们提升自己在他人心目中的印象，积极管理自己营造的形象。此外，社会联系也是消费者分享口碑的动机之一（Berger，2014）。在社交网络中分享口碑可以帮助消费者增强活跃度和存在感。消费者与对话伙伴形成关系的动机会影响消费者是否主动发起对话（Bastos and Brucks，2017）。口碑分享使人们有条件和机会与他人探讨话题，引发消费者之间的人际沟通，从而满足消费者社会联系的需求。

第二节 消费者口碑研究的现状

本节系统地梳理了消费者口碑研究的分类，明确本书的研究定位"口碑生成"，并进一步探讨了口碑生成的消费者动机，以及影响人们口碑生成行为的信息因素、情境因素和个体因素。

一、消费者口碑研究的分类

口碑是在两个没有任何商业目的的交流者和接受者之间进行的关于公司或组织的产品或服务的一种非正式的交流（Buttle，1998）。从口碑传播者视角看，根据口碑内容是否与自己的产品或服务体验相关可将口碑研究分为口碑生成和口碑传播（De Angelis et al.，2012）。随着互联网的发展，口碑在很大程度上会向着网络口碑演化。网络口碑行为可以划分为"留、传、搜、用"四个阶段，概括了用户从信息创造到信息消费的整个过程（罗彪和丛日飞，2015）。评论者把产品、品牌、购买机会等口碑信息"留"在网络平台上，传播者通过"传"实现这些信息的扩散，接收者用"搜"来获取决策参考信息，消费者通过"用"将这些信息转化为购买决策（罗彪和丛日飞，2015）。在前人研究的基础上，本书将已有口碑文献分为四类，如表2.2所示。本书重点探讨了消费者在社交网络中的口碑生成这一问题。

表 2.2　口碑研究的分类

分类	内涵	相关文献
口碑生成	消费者分享自己的消费经历	Berger（2014）；Barasch 和 Berger（2014）
口碑传播	消费者转述或转发他人的消费经历	Berger 和 Milkman（2012）；De Angelis 等（2012）
口碑搜索	消费者购前寻找用以辅助购买决策的信息，购后搜索信息以解决问题或支持决策	Zhao 和 Xie（2013）；Hennig-Thurau 等（2004）
口碑使用	口碑内容、数量、效价和离散等信息对其他消费者购买决策的影响	Liu（2006）；He 和 Bond（2015）

资料来源：笔者整理。

二、消费者口碑生成的动机

消费者在社交网络中分享口碑的动机存在情境差异和人际差异。口碑不同于普通信息，它需要限定信息对象（如产品、服务）。一些学者将口碑生成的动机划分为自我相关需求（如自我提升）和社会相关需求（如社会联系）的满足（Alexandrov，Lilly 和 Babakus，2013）。Berger（2014）在口碑与人际沟通的研究综述中提到，人们分享口碑的五种动机包括印象管理、情感调控、信息获取、社会联系、说服他人。Luarn 等（2015）指出，消费者参与社交网络口碑行为是出于社交构念（Social Constructs）和个人构念（Personal Constructs）两类动机，社交构念包括关系强度、可表现性、社会提升、关系管理、规范影响和信息性影响，个人构念包括利他主义、自恋、形象建立和成就。本书在已有文献的基础上将消费者在社交网络情境下口碑生成的动机分为以下六类，如表2.3所示。

表2.3 口碑生成的动机

动机类别	动机内容	相关文献
印象管理动机	自我展示、自我提升、社会声誉	Berger（2014）；Hsu 和 Lin（2008）
社会交互动机	社会联系、人际交往、群体归属	Berger（2014）；Dholakia 等（2004）
情感调控动机	情绪改善、情感抒发、观点分享	Berger（2014）；Hsu 和 Lin（2008）；Olson 和 Rohini（2020）
信息获取动机	寻求意见、解决问题	Berger（2014）；Hennig-Thurau 等（2004）
说服他人动机	影响他人、获得认同	Berger（2014）；Luarn 等（2015）
利他主义动机	帮助他人、帮助企业	Hsu 和 Lin（2008）；Hennig-Thurau 等（2004）

资料来源：笔者整理。

1. 印象管理动机

印象管理是消费者在社交网络中分享口碑的一种社会心理动机。人们总是希望自己给他人留下良好的印象。印象管理是指人们设法让别人用自己期望的方式来看待自己而进行的尝试（Gibson and Poposki，2010；Ham and Vonk，2011）。社会交互可以作为一种个人展示的方式，即人们宣传自己以留给别人良好的印象并避免不好的印象（Goffman，1959）。在社交网络中分享口碑是消费者进行自我展示的一种常见方式。自我展示是指人们想要向外在的观众（别人）和内在的观众（自己）展现一种受赞许的形象。通过口碑分享可以帮助人们提升别人对他们的印象，从而积极管理自己营造的形象。例如，分享娱乐性事物让分享者看起来是更有趣、幽默和消息灵通的（Berger，2014）。如果分享企业的产品信息可以让分享者看起来更优秀、更吸引人、更受人欢迎，那么这些产品就会变成社交货币（Social Currency），对消费者的口碑分享行为起到积极的促进作用（Berger，2013）。

2. 社会交互动机

口碑分享行为可以起到社会联系的作用。在社交网络中分享口碑可以帮助消费者增强活跃度和存在感。口碑的分享使得人们有条件和机会与他人探讨话题。语言互动可以使人们快速并简单地加强联系，还可以借此密切注意着其他人的行为。人类对建立社会关系具有基本的需求（Baumeister and Leary，1995），人际交流可以满足这一需求（Hennig-Thurau et al.，2004）。人际交流联结了自己与他人，并加强了自己关心他们和他们生活过得如何的印象（Wetzer，Zeelenberg and Pieters，2007）。人际交流就像"社会胶水"一样把人们联系在一起并加强了这种社会关系（Berger，2014）。

具备一定专业知识的人常常分享与自己的专业或掌握的技能相关的信息。分享专业信息除了能留给他人关于自己的专业或职业形象外，还可以提醒人们归属于自己所在的群体，获得一种归属感（Berger，2013）。有时，人们会迫于群体压力来分享专业性信息，因为圈子里的人都在分享而自己不分享会显得自己像个"门外汉"。人们还喜欢分享具有稀缺性或排他性的购买机会，因为分享这样的信息增加了他们的内部人意识并获得了归属感（Berger，2013）。例如，某些高端服务类商家（如高尔夫俱乐部）要求顾客必须通过现有会员的推荐才可以成为会员，然后才能享受产品和服务。又如，某些零售商要求消费者必须在被推荐成为会员后才可以减少购物费用，并进入私人区域购物（在该区域购物的商品是不会被其他人看到的）。

3. 情感调控动机

社交网络中的口碑分享行为还可以被人们用来改善情绪。情绪的社会分享是分享者管理他们情绪的一种重要的方式（Rimé，2009）。与其他人分享信息有助于情绪改善，因为分享信息的行为可以产生社会支持、释放消极情绪、通过传递负面口碑报复企业等（Berger，2014）。自我展示可以增加个体积极情绪与幸福感（Leary and Kowalski，1990）。神经科学领域的研究发现，自由表达和披露信息对自己本身是一种内在奖励，共享自己的观点能够取得与自己获得钱财或食物一样的大脑脑电波（Tamir and Mitchell，2012）。共享观点会给人们带来快乐和兴奋。在实验研究中，被试甚至愿意为了分享自己的观点而放弃25%以上的报酬（Tamir and Mitchell，2012）。

一般情况下，人们体验了好的产品或服务就有可能会分享正面口碑，而体验了坏的产品或服务就有可能会分享负面口碑——这会表现出体验和口碑在效价方面的一致性。但是，Olson和Rohini（2020）研究发现，想要达到最好的可能结果的目标会改变这种一致性。在消费者经历了消极体验的情况下，如果其他人具有相似或更差的结果，那么社会比较会使人们感觉更好一些。鉴于该原因，消费者存在分享不满意购买的正面口碑的倾向。促使他人做出同样的错误决策，人们可以提高对自己的不满意结果的感知相对地位和购买后感受（Olson and Rohini，2020）。但是，当消费者成功地说服亲近的人做出同样的错误决定时，虽然他们对自己的结果感觉更好些，但同时也会背负一定的内疚感（Olson and Rohini，2020）。

4. 信息获取动机

信息获取是社交网络中口碑分享行为的一种实用性动机。分享行为可以通过寻求意见和解决问题的方式获得信息。一方面，口碑信息分享可以通过帮助消费者寻求意见而获取信息（Hennig-Thurau et al.，2004；Rimé，2009）。消费者有时会分享备选产品方案的信息，并且根据社交圈中其他人对产品方案的评价做出最终的购买决策。消费者会试图从社交圈中找寻具有某方面专业知识的意见领袖帮助自己做出决策。另一方面，口碑信息分享可以通过帮助别人解决问题而获取信息（Sundaram，Mitra and Webster，1998）。消费者会分享他们认为对自己家人和朋友有用的信息，虽然这可能对他人来说没有起到任何帮助。例如，消费者可能会在社交网络中点评刚刚去过的餐馆以及陈述相关促销优惠，这一过程或许会引发某些好友的评论和对其他餐馆或菜品的推荐。

5. 说服他人动机

考虑到人们会通过人际交流去影响他人，口碑分享行为的一种动机是想要说服他人。在社交网络中，人们会特意分享他们认同的观点、文章或新闻报道，通过分享把信息呈现给社交圈中的其他人，并希望他人也认同自己所认同的观点。这其实是人们通过影响他人来获取控制感的一种方式。当人们想要改变他人的态度时，会使用关系参照相关的说服策略（Orina，Wood and Simpson，2002）。说服动机可以导致人们谈论在情感维度上极化的内容或者具有高唤起水平的事情（Berger，2014）。所谓情感极化是指人们会更愿意分享极端好或坏的信息，而不是分享一般程度的好或坏的信息。想要说服他人的人通常会分享高唤起内容（例如生气的、兴奋的）从而鼓动别人采取想要的行为。因为高唤起内容具有更强的感染性，更容易影响情绪和行为。

6. 利他主义动机

人们分享口碑的一个重要原因是帮助他人。例如，人们可以通过分享有用的口碑信息（如打折的产品、优质的饭店）来帮助他人（Hennig-Thurau et al.，2004）。调查数据显示，超过20%的口碑交流是因为受到利他动机的驱动，该动机是指通过口碑引导其他人获得良好的消费体验（Sundaram，Mitra and Webster，1998）。帮助别人是一种由利他主义激发的亲社会行为，而这种亲社会行为的目的可能是希望在未来获得某种回报。根据互惠规范（Norm of Reciprocity），人们期待在帮助他人后，能够增加他人将来帮助自己的可能性（Falk and Fischbacher，2006）。利他行为可能会基于利己，因为助人行为有机会以多种方式获取回报。根据社会交换理论（Cropanzano and Mitchell，2005），人们所做的许多事源于最大化报酬和最小化成本的动机。虽然口碑分享具有利他的可能性，但是这种利他性也可以被解释为利己或者为自己服务（Self-serving）（Berger，2014）。例如，人们分享有用的口碑，表面上看是为了帮助他人，但从更深层次看是因为分享者想要留给他人一个乐于助人的个人形象。此外，助人行为具有一定的自我提升作用，通过帮助他人，人们可以得到来自他人的社会赞许并增强自尊心。

三、影响口碑生成的信息因素

一些信息总是比另一些信息更容易激发消费者的阅读兴趣，同时也会影响消费者对信息的分享行为。很多学者对何种口碑信息更容易被消费者分享进行了深入的探讨，如有趣而新奇的、有实用价值的、高唤起水平的、身份象征性的和高易达性的口碑信息。

1. 新奇有趣

大量研究发现，有趣的事情更容易被分享。一些事情比较有趣是因为它们是新奇的、令人兴奋的或吃惊的，或者因为它们在某种程度上超出预期（Silvia，2008）。相比于单调的产品，有趣的产品得到了更多的即刻口碑（Immediate WOM），但是，与直觉相反，有趣的产品并不会得到持续性口碑（Ongoing WOM）（Berger and Schwartz，2011）。消费者更愿意分享独创产品的口碑（Mold-ovan，Goldenberg and Chattopadhyay，2011）和有趣的、令人惊讶的传闻（Heath，Bell and Sternberg，2001）。因为分享有趣的事情使人们对分享者的反应更好，使分享者这个人看起来很有趣和消息灵通（Berger and Schwartz，2011）。研究显示，适度的争论也可以增加口碑，因为它使讨论变得更有趣（Chen and Berger，2013）。但是，有趣的事情只是在人们首次体验它们时被谈论得较多（Berger and Schwartz，2011）。

Sernovitz（2006）曾指出，让消费者产生口碑的最重要的方式就是有趣，没有人会谈论无聊的企业、无聊的产品或是无聊的广告。Berger 和 Milkman（2012）探讨了情绪如何影响一个人的分享行为，发现有趣的新闻会影响人们的情绪唤起从而更可能被分享。人们之所以感觉到一件事物是有趣的，是因为它们是新奇的、令人兴奋的或令人惊讶的，或者它们以某种方式有违于预期（Berlyne，1960；Silvia，2006，2008；Bergur and Iyengar，2013）。心理学研究指出，趣味性是一种内在情绪的来源，它通常包含两个方面：新奇性（Novelty）和可理解性（Comprehensibility）（Silvia，2008）。新奇是指事物是新的、令人惊讶的、令人兴奋的或者合成的（Berlyne，1960）。可理解性是指该新奇必须是可以理解的

(Understandable)（Bergur and Iyengar，2013）。如果事物仅有新奇没有可理解性就会让人感觉到困惑（Silvia，2008）。因此，在可理解的前提下，产品的趣味性可以有效提高消费者口碑分享的可能。

2. 实用价值

人们乐于分享传言、民间故事和都市传闻不仅是为了娱乐，还因为它们可以传递真实的、有价值的和有意义的信息。一条促销信息是否会被消费者在社交网络上分享，最大的影响因素就是促销本身的吸引力，因为有足够吸引力的促销才具备实用价值。有用的故事、新闻报道或市场信息更可能被分享（Berger and Milkman，2012；Chiu et al.，2007）。内容营销的研究发现，提炼信息内容使信息更具实用性将有助于增加企业信息被搜索和分享的可能（Jefferson and Tanton，2015）。有用性可以用来解释为什么更高质量的品牌更容易被讨论（Lovett，Peres and Shachar，2013）。有用信息的分享行为不仅可以为自己记录信息，还可以通过分享帮助他人。有用信息的分享可以使分享者看起来聪明和乐于助人（Berger，2014）。

3. 情绪唤起

消费者通常更喜欢分享积极的信息，因为这样可以让自己在社交圈中显得更积极、阳光和富有活力。人们总是更偏好与积极的人相联系（Kamins，Folkes and Perner，1997），因而人们也会倾向于分享积极的事物以避免让自己看起来像一个消极的人。有研究指出，人们在某种程度上偏好分享积极而不是消极的新闻（Berger and Milkman，2012），因为这会使得他们看起来更积极。还有研究指出，自我提升可以用来解释为什么积极的在线评论总是多于消极评价（Chevalier and Mayzlin，2006；East，Hammond and Wright，2007）。

消费者并非只分享积极的口碑信息，很多时候他们也会分享具有消极体验的口碑信息。例如，产品不合格给消费者带来了严重的生命危害，愤怒的消费者会在网络上分享消极口碑。可见，虽然口碑效价（积极或消极）会影响口碑分享行为，唤起水平对口碑分享行为的影响更大。当信息中具有高唤起内容时（如愤怒、生气），信息更容易被分享。与实践中的观察一致，越是让人感到气愤和担忧的话题，越容易引发公众的高度关注和转发。Berger 和 Milkman（2012）研究发现，情感上具有高唤起水平的新闻报道更容易被人通过电子邮件转发。Berger 和 Schwartz（2011）指出，即使是源于与情绪不相关的因素（如原地跑步），心理唤起也会导致人们更多的信息分享。可见，口碑信息的唤起水平比口碑效价（积极或消极）更显著地影响了人们的分享行为。

4. 身份象征

人们常会分享那些能够交流特定身份信息的产品或服务的口碑。在社交网络中分享能够体现身份的口碑信息会影响消费者留给他人的印象，从而达到印象管理或自我提升的目的。分享这样的口碑不仅可以传递"我是谁"的信息，而且还能传递"我想要成为谁"的信息。某些产品（如汽车、服饰）比其他事物具有更强的身份象征性，它们常被用于身份的标签或信号（Belk，1988；Berger and Heath，2007），那么这样的产品更可能被人们谈论或分享口碑。一般情况下，公共可视性较强的产品会具有更强的身份象征性（Berger and Heath，2007）。研究发现，人们更倾向于分享象征性产品的口碑信息而胜于功能性产品（Chung and Darke，2006），因为象征性产品比功能性产品具有更强的身份信号作用。例如，人们喜欢向他人分享或谈论自己参加高端高尔夫俱乐部的信息，因为分享这类具有稀缺性和排他性的信息，有助于显示自己的群体身份或暗示自己拥有更高的社会身份地位。

5. 高易达性

那些具有较多环境线索的产品，或者在环境中频繁出现的产品，不仅会得到更多的即刻口碑（Immediate WOM），还可以得到更多的持续性口碑（Ongoing WOM）（Berger and Schwartz，2011）。例如，在美国，80%有关咖啡的口碑受相关线索驱动（Berger，2014），这是因为都市白领的生活环境中到处充斥着与咖啡相关的线索（如咖啡店、咖啡香味、咖啡广告）。易达性（Accessibility）可以用来解释为什么做广告的产品得到了更多的口碑（Onishi and Manchanda，2012），以及为什么公共可视性产品得到了更多的口碑（Berger and Schwartz，2011；Lovett，Peres and Shachar，2013）。这是因为频繁的广告使得产品更容易被想起，因而更可能被分享。当人们寻找某些事物来谈论时，高易达性事物更容易被想到。

四、影响口碑生成的情境因素

1. 口碑受众

第一，受众数量。社交网络中受众的特点会影响人们的口碑分享行为。人们常调整交流信息的内容以匹配于信息受众，使所说的内容适应于受众的知识或态度（Clark and Schaefer，1989；Schau and Gilly，2003）。口碑受众的数量会影响分享的内容（Barasch and Berger，2014）。相比于窄带广播（即仅与一个人交流），宽带广播（即与很多人交流）使消费者避免分享那些让他们看起来变差的内容。但是，窄带广播促使人们分享那些对信息接受者有用的内容（Barasch and Berger，2014）。信息分享者会感知信息受众与自己的权力差异，从而影响他们的信息分享行为。人们与更高社会层级的人会交流更积极的信息（Berger，2014）。为了与更高社会地位的人保持联系，人们会特意传递关于自己的积极信息，从而分享了更多可以获得自我提升的口碑信息。

第二，受众亲密度。社交网络中"好友"的关系亲密度也会影响人们的口碑分享行为。人们会更倾向于与陌生人分享自我提升的内容，而与朋友分享情感联系的内容（Chen，2017）。在与陌生人进行沟通时，人们更可能进行自我提升以形成与自我的关系，满足一个人被社会接纳的愿望（Social Acceptance Desires）；在与朋友进行沟通时，人们更可能进行情感联系，以维护已有的联系（Chen，2017）。因此，受众关系亲密度的增加（减少），会使人更关注于情感联系（自我提升）。此外，当口碑受众不确定时，人们更可能将其想象成一个典型的在线评论平台（如 Amazon），所以口碑受众更可能被理解为陌生人（Chen，2017）。

在匿名度低且关系亲密度低的时候，印象管理机制的影响会更明显。这是因为关系亲密度会调节社会接受度（Chen and Berger，2013）。如果亲密的人与自己的观点不一致，不太会影响社会接受度，因为短暂的信息交流不太可能改变人们对一个人的看法；而对于关系亲密度低的人，当前的信息交流会非常重要，人际判断更多地依赖于当前的信息（Chen and Berger，2013）。如果人们分享了让别人感觉很不舒服的信息，会给人留下不好的印象。因而，匿名度低且关系亲密度低时，人们分享信息的过程会更加谨慎，但前提是这些关系亲密度低的人在社交网络上足够活跃。

第三，受众地位。口碑分享者与口碑接受者的关系地位也可能会影响口碑生成的过程和具体内容。有时，人们会与比自己职级或能力更高的人（如老板、老师、特别受欢迎的朋友）分享信息，而另一些时候会与比自己职级或能力更低的人（如下属、学生、不太受欢迎的朋友）分享信息。一般来说，消费者更可能与职级较高的人分享积极的信息。这是因为人们总是试图与有更高社会位置的人相联系，而胜于社会位置更低的人（Berger，2014）。分享积极的口碑信息是人们进行印象管理的一种表现。但是，如果消费者分享口碑是为了进行情绪调节，例如分享负面口碑以发泄情绪或分享正面口碑以通过复述获得积极体验，那么消费者则更不愿意分享给社会位置更高的人，并且相对愿意分享给社会位置更低的人（Berger，2014）。

2. 网络匿名

人们常常匿名地在网上聊天，匿名性是影响人们口碑分享的一个因素。一方面，同一个体在不同社交平台或账号间的匿名程度不同；另一方面，不同个体在社交平台上的匿名程度存在差异。例如，有些人在微信平台上匿名感比较低，大部分"好友"都是认识的人；而另一些人利用微信添加周围的陌生人为"好友"则匿名度较高。有些人为了方便在不同匿名程度的社交平台上发帖或分享信息，还会注册两个或更多的账号。社交网络中的匿名程度还与个人对自己信息的公开程度有关，例如，在新浪微博上得到大V认证的名人就具有较低的匿名性。

匿名性会显著削弱人们分享信息过程中的印象管理机制。社会批评家说匿名性让人们说了肮脏的、令人厌恶的事情，而这些事情如果让人们在公众面前显示出身份时他们是不会说出口的（Pérez-Peña，2010）。社会接受关注在匿名性的情况下无法突显，因为这里没有公共自我供个人来管理（Goffman，1959；Ratner and Kahn，2002）。在匿名度感知较高的社交平台上，人们分享的信息更具有攻击性，情感表达更加极化，话语更不留余地。因而，在匿名度感知较高的社交平台上，人们可能会展现出自身的"黑暗面"。在匿名度感知较低的社交平台上，人们会拒绝分享破坏自己形象的信息。

3. 财务限制

财务限制（Financial Constraint）是有关个人财富的一种主观评估，一个人感觉到财务限制是由于个人财务状况限制了他或她的期望消费的水平（Tully，Hershfield and Meyvis，2015）。Paley、Tully 和 Sharma（2019）研究发现，财务限制减少了购买相关的口碑。这是因为财务限制会减少分享购买相关的口碑时的预期愉悦度（Anticipated Pleasure），也就是说，回溯过程会加强有限财务情境下的负面感受，从而降低了口碑生成的可能性。该解释机制不同于其他影响口碑生成的机制，如印象管理或保留信息资源等。此外，Paley、Tully 和 Sharma（2019）还发现财务限制只会限制购买相关的口碑意愿，并不会普遍地降低对其他事物的分享意愿。

4. 获取方式

口碑信息的获取方式会影响消费者分享口碑的可能性。Chen 和 Berger（2016）研究发现，人们更倾向于分享自己发现的内容而胜于收到他人发来的内容。这是因为，对于自己发现的内容（vs. 接收），人们把内容与自我相联系并且不太系统地处理它。结果，诊断性的内容特征（如趣味性、书写质量、论点强度）对分享的影响会下降。当人们接收到一些文章时，人们会更愿意分享有趣的文章而胜于无聊的文章。然而，如果人们是自己发现了这些文章，那么这种差异就会减小（Chen and Berger，2016）。因此，当口碑信息是消费者自己搜索而来的，相比于他人提供的信息，消费者分享口碑的意愿会明显增加。类似地，当口碑的相关内容是消费者亲身经历的，相比于他人经历的，消费者生成口碑的可能性就会提高。

5. 时间阶段

时间阶段（发生在过去或发生在未来）会影响口碑生成（Weingarten and

Berger，2017）。相比于过去的事件，未来的事件会增加人们的情绪唤起（Affective Arousal）。例如，思考即将去滑雪度假会比思考已经发生的滑雪度假更让人兴奋，思考即将听到的噪声会比回忆已经听到过的噪声更让人难受。"未来"需要更强的行为就绪度（Action Readiness），因此会产生更强的心理模拟（Mental Stimulation）。心理模拟与情感高度相关，从而引发了情绪唤起。虽然唤起一般来说会引发人们的分享欲望，即使是不相干的唤起（如原地跑步）也会增加分享的可能性，但是唤起的加强是否会增加分享还取决于话题是否反映了分享者自身。对于那些可以显示出分享者积极一面的话题，唤起的增加使人们更愿意谈论未来事件，而胜于过去事件，但是，如果话题使分享者看起来变差劲了，该效应就不会出现（Weingarten and Berger，2017）。另外，唤起会增强刻板印象，也就是说，唤起会增加人们本来就倾向于分享的事件的分享可能性，但同时会抑制人们分享本来就不愿意分享的事件（Weingarten and Berger，2017）。

五、影响口碑生成的个体因素

1. 创新者、意见领袖与市场行家

消费者的特质会影响消费者传递和分享口碑信息的倾向，一些人会相对更喜欢分享口碑。市场专家或者那些具有一般性市场知识或专业技术的人，更可能与其他人分享各类产品的信息（Feick and Price，1987）。意见领袖会比普通人谈论得更多。这些人会更喜欢分享口碑信息以交流他们的知识。汽车、服装、其他公共可视性强的产品常常被用来传递身份信号（Berger and Heath，2007），展示自己的专业知识或技能也可以起到传递身份信号的作用。但是，知识通常很隐私，很难被展示，因此专家或在某一领域有专业知识的人会特别有兴趣通过社交网络来谈论这些知识以展示给别人。

一些消费者的口碑会比其他消费者的更有价值，因为他们更易通过人际交流影响他人。有三类有影响力的消费者：创新者、意见领袖、市场行家（Feick and Price，1987）。这些消费者都倾向于在社交网络上积极主动地传播信息。创新者（Innovators）是指在特定社会系统中相对更早地接受和使用产品的消费者（Rogers，2003)。他们往往喜欢分享新奇事物或产品的信息。意见领袖（Opinion Leader）是指在特定产品领域内会影响其他消费者购买行为的个人（Flynn，Goldsmith and Eastman，1996)。市场行家（Market Maven）是对很多产品、购物地点和市场的其他方面都拥有信息，并且会与消费者启动讨论和主动要求从其他消费者那里获取市场信息的人（Feick and Price，1987)。这三类消费者会比普通消费者更喜欢分享口碑，而且他们所生成的口碑的影响力更大。

市场行家是积极传播各类市场信息的人，他们的作用类似于普遍意见领袖。那些销售大范围产品类别的零售商对他们更感兴趣（Clark and Goldsmith，2005)。不同于市场行家，创新者和意见领袖都是对某一特定产品类别有影响力的人。市场行家非常渴望与其他消费者分享他们的市场知识，而且他们常被其他消费者寻求信息帮助。市场行家在市场上具有高介入水平，并且与其他消费者高度交互作用（Feick and Price，1987)。市场行家比普通人更喜欢在社交网络中分享和传播信息，并且由于市场行家在社交网络中具有更强的网络中心性（与更多人相联系），他们分享的信息具有更好的传播效果。同时，对人际影响的规范敏感度与市场行家之间呈积极相关（Steenkamp and Gielens，2003)。

2. 消费者自恋

自恋（Narcissism）的消费者会比一般人更喜欢分享口碑，喜欢与他人分享自己的消费习惯。心理学家曾提出"谈话自恋"（Conversational Narcissism）的概念，是指不自觉地自我沉浸于谈话中的一种倾向（Vangelisti，Knapp and Daly，1990)。谈话自恋倾向较高的个体偏好通过"抢风头"或"夸海口"等行为表现来凸显自身在对话中的重要程度。例如，他们会刻意地制造各类谈论自己的机会，运用能够表现自我的非语言行为（如夸张的表情或肢体语言），同时可能会忽视其他人或缺少对他人的回应。以往研究发现，自恋积极影响了人们在Facebook上花费的时间（Sala，Skues and Grant，2014)。Mehdizadeh（2010）证实了高自恋个体在Facebook上发布了更多的自我提升内容。自恋的消费者的受赞赏需求较高，他们需要通过社交网络来获取别人的赞赏。他们会更偏好分享那些能用于体现身份或炫耀自己的产品或服务，从而满足自己的优越感。

3. 消费者自尊

在自尊方面，已有研究的结论是不一致的。一些研究认为，低自尊个体在社交网络上更活跃，因为在社交网络上表达自我可以提升自尊（Krämer and Winter, 2008; Mehdizadeh, 2010）。有研究发现，较孤独的学生反而拥有更多的Facebook朋友（Skues et al., 2012）。另一些研究认为，自尊心强的个体不太可能感觉到孤立，更可能参与到亲社会行为中（Dyne et al., 2000）。高自尊个体会愿意参与讨论他们的产品和品牌选择。他们会无意识地向他人分享他们的消费习惯，并且在综合市场上像一名意见领袖一样足够自信，自尊程度与成为市场行家的可能正向相关（Clark and Goldsmith, 2005）。可见，自尊水平并不能有效预测人们在社交网络中的口碑分享行为，但是却可以区分口碑分享行为的内在动机。

4. 面子意识

面子意识是中国人拥有的一种独特的文化现象。中国人在日常行为中经常会考虑获得面子（比如，思考"这样做是否有助于自己获得面子"）和避免丢面子（比如，思考"这样做是否会造成自己丢面子"）的问题。施卓敏、陈永佳和赖连胜（2015）从中国人的面子意识出发，发现网络面子意识（包括网络影响力维度、网络身份维度、网络关系维度）会正向影响消费者的网络口碑传播意愿。网络影响力是指网络上的知名度和号召力，与现实生活中的能力和社会地位类似；网络身份是指用户在网络上的一些客观反映用户身份的数字和称号；网络关系主要强调的是与身边朋友的关系，反映了个体对和谐而广泛的人际关系的追求和渴望。在陌生的关系类型（如关系类型疏远的网站）下，网络面子意识对口碑传播意愿起到积极的影响，而在熟悉的关系类型（如关系类型更为紧密的社交网站）下，这一影响关系反而不显著。

5. 独特性需求

独特性需求对消费者口碑分享具有潜在的负向影响效应。Cheema和Kaikati（2004）曾指出，由于较多的使用会造成产品独特性的下降，高（低）独特性需求的消费者不太愿意分享自己拥有的公共性消费产品的正面口碑。早期采用者

(Early Adopters)是指市场上率先采纳新观点、过程或产品的个体（Rogers，2003）。早期采用者对于新产品的成功是至关重要的，因为他们会起到劝说其他人接受产品的作用（Van den Bulte and Joshi，2007）。Moldovan、Steinhart 和 Ofen（2015）研究发现，具有较高独特性需求的早期采用者可能会在是否分享创新产品的口碑上遭遇困境。这种困境来自两个方面的冲突：一是想要炫耀创新产品的需求，二是想要避免他人的模仿以维护其独特性的需求。Moldovan、Steinhart 和 Ofen（2015）指出，该困境可以通过"分享与惊吓"（Share and Scare）战略来解决。具体而言，具有高（低）独特性需求的早期采用者更倾向于使用"惊吓"方式，这一过程受到沟通困境的中介作用。进一步来看，如果产品对他人是可得的，具有高（低）独特性需求的早期采用者会更倾向于使用"惊吓"；如果产品对他人是不可得的，早期采用者的独特性需求并不会增加其使用"惊吓"战略的倾向。

第三节 相关理论基础

本节的重点在于回顾本书中应用到的经典理论及其主要观点和相关研究成果，主要包括印象管理理论、自我建构理论、情绪的唤起—效价模型、稀缺效应和病毒营销。

一、印象管理理论

印象管理（Impression Management）是一种常见的社会心理学现象，在人际行为中发挥着重要作用。人们总是试图以一种与自己希望表达的个人形象相吻合的形象来展示自己，从而使自己留给他人更好的印象，或使他人对自己做出更好的评价。例如，在求职面试前，人们会演练自己的一言一行，通过各种各样的努力来给面试者留下好印象。绝大多数人认为，在初次面试时，会由于不恰当的穿着打扮或行为举止而遭到拒绝。印象管理理论最早由 Goffman 在《日常生活中的自我表现》（1959）一书中提出。该书指出，人们试图管理和控制他人对自己的印象的过程被称为印象管理。但是，Goffman 仅仅关注外部因素在社会交往中的作用，而忽视了心理因素在社会交往中的重要性。

印象管理也称自我呈现（Self-presentation），是指人们试图控制别人对他们的印象的过程。人们之所以想要进行印象管理，主要是因为人们留给他人的印象会影响别人如何感知、评价和对待他们，同时也影响着人们如何看待自己。根据 Leary 和 Kowalski（1990）的研究，印象管理是一个两要素模型：一是印象动机（Impression Motivation）；二是印象建设（Impression Construction）。印象动机是指人们想要控制他人如何看待自己的程度，印象动机受到三个因素的影响：一个人创造印象的目标相关性、想要结果的价值、当前与想要形象之间的差异性。印象建设会受到五个因素的影响：自我概念、想要和不想要的身份形象、角色限制、目标价值、当前的社会形象，这五个方面决定人们想要构建的印象类型。

根据个人是想要留给他人更好的印象，还是想要避免留给他人更坏的印象，印象管理还可以进一步细分为获得型印象管理（Assertive Impression Management）和保护型印象管理（Protective Impression Management）。获得型印象管理表现为试图让别人更积极地看待自己，而保护型印象管理表现为尽量弱化自己的不足或者避免被别人消极地看待（Arkin，1981）。保护型印象管理的动机在于避免丢失社会赞许（Social Desirability）或者避免出现社会不赞许（Kacmar, Delery and Ferris, 1992）。获得型印象管理又可以进一步划分为他人聚焦型印象管理和自我聚焦型印象管理（Kacmar, Delery and Ferris, 1992）。他人聚焦型印象管理将目标聚焦于印象管理的接受者或评价者，通过采取一些行为获取人际吸引力。例如，对他人的行为表示赞同或称赞，讨好或抬举他人，奉承或赞美他人。自我聚焦型印象管理则关注于自己，通过采取一些行为来突显自己优秀的一面，使自己看起来更有能力或具有更多积极的特质。例如，向他人介绍自己的荣誉、做自己擅长的事情、进行自我宣传。获得型印象管理技术主要包括讨好、自我宣传、威慑、以身作则、恳求，而保护型印象管理技术主要包括借口、辩解、事先申明、自设障碍、道歉（Rosenfeld，1997）。跨文化研究指出，亚洲人更加谦逊且注重和谐，因此更多地使用保护型印象管理策略，而较少使用获得型印象管理策略（Mohamed，Gardner and Paolillo，1999）。

通常情况下，社会呈现（Social Presense）会增加人们的印象管理动机。社会呈现会对人们的行为产生重要影响，它会加强人们以某种方式行为的动机并且会调节关键要素对人们行为的影响效应（Thomas et al.，2002；Sugathan and Ranjan，2020）。社会呈现会触发人们对印象管理的关注，此时人们有动机去构建一种积极的公众自我形象。人们会更加关注于那些有助于改善个人社会形象的因素（Puntoni and Tavassoli，2007），如情境因素、个性因素。如果在社会呈现的情况下遭遇了失败，人们会试图管理那些能够帮助自己恢复积极公众自我形象和证明他们自我价值的各类因素（Sugathan and Ranjan，2020）。

印象管理在很多社会科学领域都具有实践价值和应用价值，比如，在企业招聘面试中应聘者的印象管理行为（Stevens and Kristof，1995；Tsai，Chen and Chiu，2005；Basch et al.，2020；王沛和冯丽娟，2006）、个人社交网络行为中的印象管理（Siibak，2009；Ong et al.，2011；Utz，Tanis and Vermeulen，2012；Kim and Tussyadiah，2013）、顾客遭遇产品共创失败时的印象管理（Sugathan and Ranjan，2020）、健康心理学中的印象管理（Leary，Tchividijian and Kraxberger，1994）、企业形象塑造中的印象管理行为（Hooghiemstra，2000；赵敏，2007）、领导者或政治候选人在个人声誉构建中的印象管理行为（Harris et al.，2007；Blass and Ferris，2010）。

印象管理会受到情境因素的影响，它还可以作为一种个性特质而系统地影响一个人的认知和行为表现。也就是说，个体会在印象管理方面具有不同风格（Arkin，1981）。有研究发现，女性在使用印象管理时会比男性具有更低的侵犯性；高自我监控者更喜欢使用积极的印象管理策略（Bolino and Turnley，2003）。一些研究者开发了用于测量印象管理风格的量表，如自我监控量表（Self-monitoring Scale）（Snyder，1974）、社会赞许反应的均衡量表（Balanced Inventory of Desirable Responding）中的印象管理分量表（Paulhus，1991）、自我呈现量表

(Self-presentation Scale)(Roth, Snyder and Pace, 1986)、讨好行为量表(Measure of Ingratiatory Behaviors)(Kumar and Beyerlein, 1991)。其中，Paulhus（1991）开发的印象管理量表可以用于测量一个人有意识的伪装自我和迎合他人的行为倾向。

二、自我建构理论

自我建构是指个体对自我和他人之间关系的认知，主要分为独立型自我建构和依存型自我建构（Markus and Kitayama, 1991）。自我建构反映了个体在认知自我时，会将自我放在何种参照体系中进行认知的一种倾向。这种倾向可以表现为将自我看成是与其他人相分离的独立个体，或者是将自我置于社会关系网络中的一部分（Markus and Kitayama, 1991）。

如表2.4所示，独立型自我建构（Independent Self-construal）强调发现和表达个人的独特属性，主要根据自己的思想、情感和行为的内在才能，而不是根据他人的思想、情感和行为来使自己的行为变得有意义。然而，依存型自我建构（Interdependent Self-construal）意味着把自己看作社会关系的一部分，并认识到一个人的行为是由行为人所感知到的关系中其他人的思想、情感和行为所决定和构成的。依存型自我建构还可以进一步划分为团体倾向（Group-oriented）的依存型自我建构和关系倾向（Relational-oriented）的依存型自我建构（Cross, Bacon and Morris, 2000）。相比于独立型自我建构的个体，那些依存型自我建构者会把更多的注意力指向他人，也会对他人更加敏感。西方文化下的消费者更注重自身独特性，自我表征以个人特质、能力和偏好为主，更多地表现为独立型自我建构；而东方文化下的消费者更注重与他人相联系，自我表征以人际交往为背景，更多地表现为依存型自我建构（Markus and Kitayama, 1991）。由于不同类型的自我建构者在认知、情感、动机和行为方面存在系统性差异，因此大量学者利用自我建构理论，解释了不同消费者在面对同样的产品、服务、营销情境或购买情境时，会出现迥然不同反应的内在原因。

表 2.4 独立型自我建构和依存型自我建构的关键差异总结

比较的特征	独立型	依存型
定义	脱离于社会情境	与社会情境相关联
结构	有界限的、单一的、稳定的	灵活的、多元的
重要特征	内在的、私人的（能力、思想、感受）	外在的、公共的（地位、角色、关系）
任务	保持独特，表达自己，认识内在属性，提升自己的目标，做事直截了当，"说心里话"	归属，适应，找到合适的位置，从事恰当的行为，提升他人的目标，做事比较含蓄，"读他人的想法"
他人的角色	自我评价：他人对于社会比较很重要，反映评估情况	自我定义：在特定情境中与他人的关系定义了自我
自尊的基础	表达自我的能力，证实内在属性	适应的能力，限制自我，维护社会情境的和谐

资料来源：Markus H. R., Kitayama S. Culture and the Self: Implications for Cognition, Emotion, and Motivation [J]. Psychological Review, 1991, 98（2）：224-253.

自我建构可以是长期的，即特质性自我建构（Chronic Self-construal），也可以是因受到环境影响而暂时被某种自我建构主导的，即情境性自我建构（Situational Self-construal）。关于特质性自我建构，在研究中通常采用量表对其进行测量，如 Singelis（1994）所开发的量表。该量表共包含 24 个题项，12 个用于测量独立型自我建构，另外 12 个用于测量依存型自我建构。但事实上，在 Singelis（1994）的研究中，该量表的信度与效度均较低。即使这样，后续很多研究依旧应用了该量表（Kwon and Mattila, 2015; Howard, Gardner and Thompson, 2007）。此外，还有 Gudykunst 等（1996）编制的量表，共包含 28 个题项，独立型和依存型自我建构各 14 个题项。该量表比较适用于跨文化研究，对某一特定文化的研究适用性较差。学者们通过进一步研究发现，每个人可以同时拥有独立型自我和依存型自我（Brewer and Gardner, 1996; Sedikides and Brewer, 2001）。情境因素会影响哪种自我建构倾向被激活，从而在当前情境中表现出某一种主导的自我建构倾向（Brewer and Gardner, 1996）。自我建构的情境激活方法主要包括指导语激活、故事激活、代词圈点、任务激活四种（刘艳，2011）。

一些学者探讨了消费者自我建构对消费偏好的影响。例如，朱振中、李晓君和刘福（2020）研究发现，面对外观新颖的产品，独立型自我建构者会产生独特性需求，继而增加了购买愿意；依存型自我建构者则更偏好购买外观新颖度低的产品，因为这样的产品具有更低的感知社会风险。但是，对于享乐品，依存型自我建构者也会偏好外观新颖度高的产品；对于实用品，独立型自我建构者也会偏好外观新颖度低的产品（朱振中、李晓君和刘福，2020）。Charles 和 Manish（2020）探讨了消费者自我建构对地位消费的驱动过程。结果显示，社会比较是其中的中介机制，而物质主义会起到调节作用。具体而言，独立型自我建构会直接促进地位消费的意愿，而依存型自我建构则通过社会比较的中介作用来间接影响地位消费；对于依存型自我建构的消费者，社会比较会驱动物质主义水平较低者的地位消费意愿，而不会促进物质主义水平较高者的地位消费意愿。

还有一些研究主要考察了不同自我建构类型的消费者在购物情境中的反应差异。例如，熊素红（2009）探讨了在群体购买情境中，当消费者预期同伴对冲动性购物的评价偏消极时，不同自我建构类型的消费者在冲动购买水平上存在显著差异，主要表现在独立型自我建构的消费者比依存型自我建构的消费者具有更强烈的冲动购买意愿。此外，相比于单独购物，当消费者与好朋友一起购物时，会表现出更多的冲动购买行为。还有学者考察了自我建构对消费者社交媒体使用行为的影响。陈春峰、张德鹏和刘思（2020）研究发现，相比于独立型自我建构者，那些依存型自我建构者会具有较高水平的错失焦虑，进而更容易产生社交媒体疲劳，而自我效能感会对上述过程产生调节作用。

根据以往研究可以看出，消费者自我建构对消费者的认知、情感和动机会产生系统性影响，因而很多营销或消费现象都可以用自我建构理论进行深入的解释。自从自我建构理论（Markus and Kitayama, 1991）被提出以来，大量研究对该理论进行了引用。截至 2021 年 1 月，百度学术上显示的被引用次数高达 1.8 万次。

三、情绪的唤起—效价模型

情绪的唤起—效价模型（Arousal-Valence Emotion Model）指出，所有情绪都

可以由两个独立的神经生理学（Neurophysiological）维度"效价"（Valence）和"唤起"（Arousal）组成（Colibazzi et al., 2010）。情绪的结构可以由圆周分布图来表现（Feldman, 1995）。图 2.1 为情绪的圆周分布图（Circumplex Model of Emotions）。其中，水平轴代表效价维度（愉悦—不悦），而垂直轴代表唤起维度（活跃—迟钝）。如图 2.1 所示，一些情绪名称被放在了分布图的特定位置上，说明这两个维度并不是相互排斥的，而是不同的概念框架。

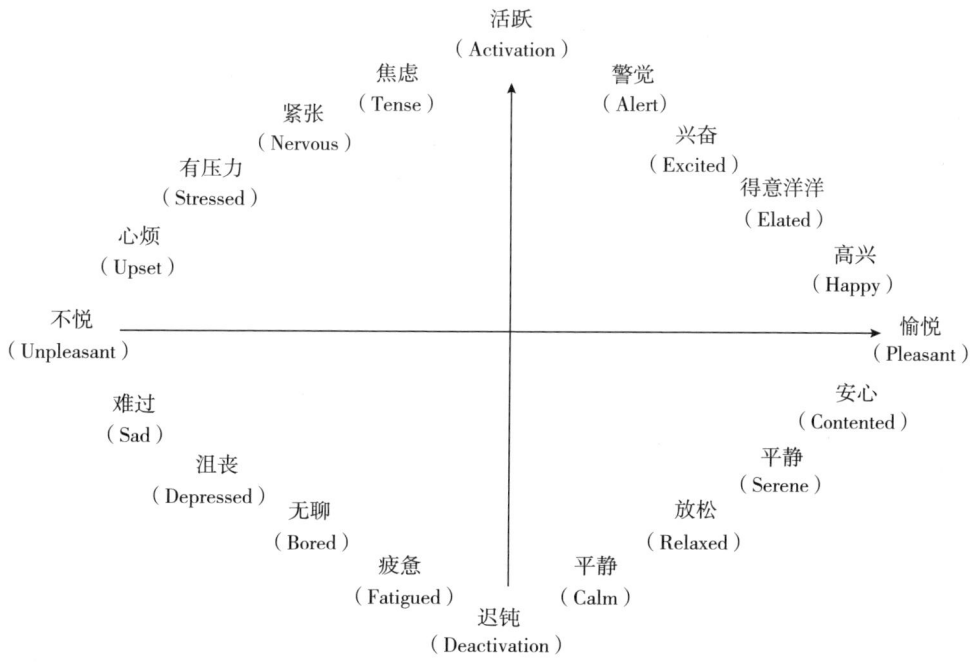

图 2.1 情绪的圆周分布图

资料来源：Colibazzi T., Posner J., Wang Z., et al. Neural Systems Subserving Valence and Arousal During the Experience of Induced Emotions [J]. Emotion, 2010, 10 (3)：377-389.

基本情绪理论（Theory of Basic Emotion）具有一定的限制性（Posner, Russell and Peterson, 2005）。大部分人类情感的研究都依赖于面部表情。但是，考虑到一种特定的面部表情并不总是伴随着一样的情绪，面部并不是情绪状态的有效测量方法。例如，在不同的情境下，微微一笑可以表示愉悦或者不屑。另一项有关情绪的研究利用了情绪的维度模型，这一观点指出所有情绪都源于两维度或更多心理维度的一个组合（Posner, Russell and Peterson, 2005；Rolls, 1999）。根据情绪的圆周分布模型（Posner, Russell and Peterson, 2005；Russell, Weiss and Mendelsohn, 1989；Russell, 2003），任何情绪都可以在以愉悦（Pleasure）和唤起（Arousal）为两个坐标维度的分布图中找到自己相应的位置。

愉悦维度可以用效价（Valence）来表示。效价是指主观体验到的情绪的享乐基调，它的分布范围从极端消极情绪（即不悦，如恐惧、失望）到极端积极情绪（即愉悦，如开心、高兴）（Colombetti, 2005；Russell, 2003）。人类大脑的左半球（Left Hemisphere）主要处理积极情绪，而右半球（Right Hemisphere）主要处理消极情绪（Davidson and Irwin, 1999；Kensinger and Schacter, 2006）。如果一个病人的大脑左半球受到损伤，就会表现出抑郁症，而如果是大脑右半球受到损伤，则会表现出欢快症（Euphoria）（Paradiso et al., 1999；Kensinger and Schacter, 2006）。虽然趋近（Approach）和避免（Avoidance）也与享乐基调有关，但效价区别于这两者。趋近和避免是一种可观察的行为，而效价不是。效价是一种心理体验的属性。另外，效价还区别于显著性（Salience），后者是指一个刺激吸引注意力资源的程度（Kastner and Ungerleider, 2000）。

唤起是指一个人对感官刺激在神经生理方面的警觉或者反应状态（Kandel, Schwartz and Jessell, 2000）。例如，焦虑和失望两种情绪在效价方面可能是相似的，但是它们在唤起水平上存在较大差异。唤起可以分为这样几个水平，如昏迷、恍惚、瞌睡、警觉、惊慌。研究发现，大脑的杏仁核区域会对一系列高唤起情绪做出反应，如惊讶、兴奋（Kim et al., 2003；Whalen et al., 2001）。而且，大脑的杏仁核区域对与唤起程度相匹配的正刺激和负刺激都有反应。无论是图片刺激、嗅觉刺激还是味觉刺激，都可以重复这些发现（Kensinger and Schacter, 2006）。注意和唤起可能会存在相互关联，但是它们是可以区分的（Sarter, Givens and Bruno, 2001）。注意（Attention）专指认知资源的分配，可能是与唤起水平相关联，也可能不是。例如，一个发脾气的人正处于高唤起状态，但是他可能并没有分配注意力到某件事物上。

MacInnis 和 Jaworski（1989）认为，唤起独立于效价，高唤起可以使人们不再处理后续的信息。但也有研究认为，唤起是愉悦的一个重要的刺激因素（Bigné，Andreu and Gnoth，2005；Lee，Xiong and Hu，2012）。Aylesworth 和 MacKenzie（1998）指出，唤起会与效价产生交互作用，更高水平的唤起会产生更高水平的效价（即愉悦）。Lee、Xiong 和 Hu（2012）认为唤起是效价的决定因素。由于情感因素会影响感知易用性，也会影响感知有用性，因此唤起和愉悦可以整合入技术接受模型（TAM）以解释使用者接受社交媒体营销的最初动机（Lee，Xiong and Hu，2012）。Feldman（1995）通过自我报告式情绪的组内纵向研究发现，在情绪体验的圆周结构中存在个体差异。效价关注（Valence Focus）是指个体参与他们情感体验的享乐成分的程度，而唤起关注（Arousal Focus）是指个体参与他们情感体验的唤起成分的程度（Feldman，1995）。它们都属于个体差异变量。例如，有些人在唤起维度的跨度比较小，而另外一些人在愉悦维度的跨度比较小。在情绪的圆周分布上的变异依赖于个体对享乐和唤起信息的关注（Feldman，1995）。

四、稀缺效应

现代社会中，企业常常利用人们"物以稀为贵"的消费心理来推广新产品和高端产品。精明的经营者很善于"欲擒故纵"，给消费者制造稀缺感，从而提升经营业绩。客观上看，"稀缺"是一个经济学术语。经济学高度关注竞争行为，它发生在一个稀缺的环境中，而这个环境是由个人在高度竞争的市场中争夺有限资源导致的。市场中的稀缺正是不平等、等级和社会阶级形成的终极起因。稀缺效应是指随着事物稀缺程度的增加，人们会提升对它的评价和占有欲。例如，当产品的感知稀缺性（Perceived Scarcity）增加时，人们对该产品的欲望会明显增加（Lynn，1991；Jung and Kellaris，2004），并且觉得产品看起来更有吸引力了（Gierl and Huettl，2010）。

如果一件产品可以传递稀缺信号，那么它将对消费者产生以下积极影响：一方面，拥有和消费该产品可以激发被嫉妒和被尊重的感觉，可以被视为炫耀性消费；另一方面，稀缺信号会作为一种简化启发式线索，积极影响消费者对该产品的质量评价（Gierl and Huettl，2010）。Lynn（1991）曾提出稀缺—昂贵—欲望模型。该模型指出，稀缺性可以增加人们对产品的占有欲，使人们更愿意为这件产品花费更多的钱，并且稀缺产品的高价格还可以暗示高质量和拥有地位信号。由于获得一件稀缺的产品需要花费更多的钱，更高的成本就成为人们拥有目标产品的阻碍。这些阻碍会引发消费者产生高唤起状态，从而提高了他们对产品的渴望程度（Wright，1992）。此外，稀缺性还可以使消费者对产品产生排他性感知（Brown，2001），而排他性是事物具有地位信号的重要属性。

稀缺性可以由不同因素引发，主要包括低供给和高需求（Verhallen and Robben，1994），也可能由两者同时引发。为了塑造产品或购买机会的稀缺性，企业可能在营销沟通中采取以下几种措施之一：强调产品原材料的稀缺、产品的生产数量十分有限（即产量限制）、产品的销售非常火爆、促销活动具有时间限制（即限时促销）、促销产品具有数量限制（即限量促销）、消费者需要具有购买资格（即购买的先决条件）。其中，限量促销的稀缺性仅来源于供给方，而限时促销的稀缺性可能来源于供给和需求两个方面（Gierl，Plantsch and Schweidler，2008）。研究发现，在购买机会易达性较低的情况下，相比限量促销，企业采用限时促销更优，原因在于限时促销具有更高的参与确定性；而在购买机会易达性较高的情况下，相比于限时促销，企业采用限量促销更优，原因在于限量促销引发了更强的感知消费者竞争（李研、李东进和马明龙，2016）。

基于低供给的稀缺性和基于高需求的稀缺性在不同营销情境下的适用性存在差异。例如，当产品出现脱销时，如果产品具有功能性品牌概念，那么基于高需求的稀缺性会比基于低供给的稀缺性带来更积极的消费者反应（如产品评价、未来购买意愿）；如果产品具有象征性品牌概念，那么基于低供给的稀缺性会比基于高需求的稀缺性带来更积极的消费者反应（如产品评价、未来购买意愿）（李东进、李研和吴波，2013）。又如，炫耀性消费产品更适合采用数量限制的稀缺信号而胜于时间限制的稀缺信号，而且如果企业在营销沟通上使此类产品传递出高需求稀缺信号，反而会降低消费者对产品的欲望（Gierl，Plantsch and Schweidler，2008）。需要注意的是，产品稀缺性既可能产生积极的稀缺效应，即增加了消费者对产品的评价和购买意愿，也存在引发消费者心理抗拒反应的潜在消极效应（李东进、张成虎和李研，2015）。

在消费者购买决策中，稀缺性可以作为一种产品质量更优或产品值得购买的启发式线索。消费者可能会将稀缺性作为推断产品整体质量的一种线索或信号，并因而影响了消费者对产品的态度（Griskevicius et al.，2009）。人们之所以认为稀缺的产品质量更好，是因为消费者在社会化过程中获得了相关购买经验。购买经验告诉人们，稀缺的产品往往比那些常见的产品拥有更高的质量（Cialdini，2008）。例如，人们抢购产品是因为产品的性价比高，"抢购"这一行为产生了高需求稀缺的信号。在该信号的影响下，其他消费者会产生模仿行为或跟随购买的从众行为。类似地，音乐排行榜上位置靠前的音乐会让消费者觉得，既然它们能排在前面，那么一定是受欢迎的、好听的音乐（即更高的质量感知），因而人们会更愿意试听和购买这些音乐。

一件产品如果想要产生有关个体在社会中位置的象征性信号，它必须是稀缺的（Blumberg，1973）。产品或服务具有稀缺性是消费者实现炫耀性消费的必要前提。有研究指出，产品给消费者带来的效用不仅包括它在功能性上的基本价值，还依赖于有多少其他人也购买了这件产品（Amaldoss and Jain，2005）。在社会系统中，时尚文化引领者通常比跟随者在社会中具有更高的位置。引领者会试图通过审美距离和象征性排他来与跟随者产生距离和差异，因而引领者会更偏好那些具有较高稀缺性的炫耀性消费产品（Amaldoss and Jain，2008）。当社会中位置较低的消费者发现产品稀缺性是源于很多社会位置更高的消费者购买了它时，那么社会中位置较低的消费者对产品吸引力的感知会大幅增加（Gierl，Plantsch and Schweidler，2008）。此外，如果消费者对产品的熟悉度较低，积极稀缺效应会被加强（Jung and Kellaris，2004）。

与其他西方国家相比，跨国公司更倾向于在中国市场上利用稀缺效应设计营销策略。"饥饿营销"这一操作性概念仅在中国市场上出现（李研、李东进和王承璐，2015），外文文献中并不存在该词汇。一方面，中国城市人口密集，与一些地广人稀的西方国家相比更容易出现产品在短期内供不应求的情况，即出现客观上的稀缺性；另一方面，中国消费者对营销情境中的稀缺信息或信号（Scarcity Information or Signal）更为敏感，很容易被激发购买意向。这是因为，中国人口密集使中国消费者在成长过程中更多地接触到稀缺性情境（如通过高考竞争大学入学名额、节假日旅游景点人满为患），从而培养了人们对稀缺情境的敏感性。这些因素促使稀缺效应相关的营销策略在中国市场上比在西方市场上更常见。

五、病毒营销

病毒营销（Viral Marketing，VM）最早在1996年被Knight提出（Phelps et al.，2004），是指信息或内容在社交媒体上像病毒一样传播（Botha and Reyneke，2013）。病毒营销是一种可以快速接触大量受众的客户沟通方式（Bhattacharya，Gaurav and Ghosh，2019），它有赖于同伴之间在未付费的情况下对营销信息进行沟通（Porter and Golan，2006）。病毒营销描述了口碑信息可以在网络上迅速传播，因而属于网络口碑营销的范畴。当人们通过电子邮件或社交媒介与朋友们分享信息时，就可能是在为病毒营销活动助力。病毒的传播可以实现在短时间内传播给大量人群的效果。类似地，病毒营销描述了口碑信息受到消费者自发的分享和传播，从而实现了口碑信息的快速扩散，使企业的产品和品牌知名度得到迅速提升。更重要的是，由于是消费者自发传播口碑信息，其营销成本可以非常低，甚至趋近于零。因此，病毒营销需要利用消费者自身的积极性和主动性（Jurvetson and Draper，1997）。有时候，消费者的信息分享行为可能是源于一些利益，如信用卡积分、额外折扣、返现、促销代码等（Bhattacharya，Gaurav and Ghosh，2019）。

病毒营销的五要素分别为：①传播的信息包含产品或广告信息；②传播的媒介为互联网，传播的过程借助互联网技术；③由于借助互联网平台，传播过程不需要营销成本的投入，从而能够实现以最低的成本获得最好的营销效果；④由于互联网的方便快捷，信息可以在短时间内得到快速高效的传播，从而接触到大量受众；⑤信息传播需要充分利用受众的积极性和主动性（张灵敏，2019）。Ho 和 Dempsey（2010）认为，病毒广告的主要目标是在客户与公司管理中使用同伴沟通来实现产品信息的分享，这样可以带来更快的市场接受。有研究指出，互联网用户对产品信息的在线讨论比公司提供的营销信息有趣得多（Bickart and Schindler，2001）。病毒营销的结果是带来了更高的消费者购买意愿（Fard and Marvi，2020）。

有学者认为，病毒营销并非真的像病毒扩散一样的快速传播，网络信息的真正病毒式扩散是极其少见的（Goel，Watts and Goldstein，2012）。网络中信息的传播方式就像普通感冒的传播一样，表现为多阶段传染模型——"一个人感染了，然后他的朋友们也感染了，再然后朋友们的朋友也被感染了，以此类推"（Fitzgerald，2013）。过去有关传播的观点重点关注意见领袖，就是那些具有更高网络中心性、话语更易影响他人的个体。在病毒营销活动中，要选择最具有影响力的使用者作为最初的种子（Hinz et al.，2011）。这些种子型用户的确定要依据他们是否在社交网络结构中具有更高的中心性（Newman，2009）。但是，其隐含的前提是所有剩下的用户对产品或信息具有同等的兴趣，他们被激活的可能性是一样的（Mochalova and Nanopoulos，2014）。事实上，易被影响者在信息传播中的作用十分重要。Rushkoff 在《媒体病毒》一书中指出，一条信息会首先影响那些易于受影响的个体，然后受众会接着影响其他易于被影响者。

Bhattacharya、Gaurav 和 Ghosh（2019）从流行病视角探讨了社交网络中的病毒营销现象，发现社交媒体上信息扩散的很多特征都与流行病扩散的特征是相似的。病毒营销活动具有一些超越传统大众媒体宣传活动的优点，其中之一就是它有能力触及某些特定的顾客群体，因为很多时候朋友网络是基于共同的兴趣爱好而建立的（Adamic and Adar，2003）。而且这些分享或沟通的信息会比第三方的广告更令潜在顾客受到影响并愿意接受，这些信息就好似是朋友在做代言或推荐。Jalali 等（2016）曾提出一个动态模型来量化请愿传播（Petition Diffusion）的核心机制，包括邀请、兴趣、意识、遗忘、分享和提醒。Woerndl 等（2008）强调病毒营销最重要的优势就是，在受众和发送者的自发传播中得到快速和指数式的扩散。Berger 和 Milkman（2012）探讨了为什么某些特定在线内容（如广告、视频、新闻）比其他信息更具"病毒性"。该项研究发现，积极内容比消极内容更具"病毒性"；病毒式传播会部分地受到生理唤起的驱动，那些能够激发高唤起的积极或消极情绪的内容更具"病毒性"；当研究控制了在线内容的惊奇度、趣味性、实用性和注意力后，唤起的影响力依旧会出现（Berger and Milkman，2012）。

一些研究结合具体的营销情境探讨了病毒营销对消费者的影响。例如，Sung（2021）在研究增强现实（Augmented Reality，AR）广告时发现，对 AR 广告感到满意的消费者会通过给他们的社交群体分享这些体验而参与病毒营销。在这项研究中，用户生成的体验内容表现为口碑信息，而用户分享个人体验信息的过程就属于病毒营销。当消费者在网络上分享个人体验时，就产生了用户生成的病毒营销行为。AR 广告所提供的真实的、沉浸的体验对于实现用户生成行为是非常重要的（Sung，2021）。Gunawan 和 Huarng（2015）探讨了手机应用营销，指出手机应用的开发者可以应用低成本的病毒营销战略来促销他们的产品或服务。其中，影响手机 App 感知有用性的最有效因素是信息的观点质量，它受信息来源有效性和信息数量的影响。

消费者并不会无缘无故地去分享和转发信息，而是会在某些动机的影响下进行分享或转发行为，从而引发病毒营销现象。Ho 和 Dempsey（2010）探讨了病毒营销中消费者转发在线内容的四种主要动机：成为群体中一员的需求、个体主义的需求、利他的需求、个人成长的需求。具体而言，人们会利用信息转发来实现自己在社会联系和关系维持方面的需求；如果产品能向他人表达自己是谁，人们就会愿意分享这样的产品信息来表现自己的与众不同，从而实现自我提升；人们常出于帮助别人的动机而分享口碑，他人在获取这些信息后将有助于优化未来的行为决策；人们会利用网络表达自己的观点，转发或传播在线信息可以给分享者带来独立和领导力方面能力的提高，从而给自己未来的发展带来机会。

除了上述动机外，情绪和情感在人们分享和转发信息方面也起到了重要作用。Botha 和 Reyneke（2013）通过对年轻大学生进行深度访谈，探讨了病毒营销中内容和情感的角色。他们构建了一个决策树来体现互联网用户口碑分享的潜意识的决策过程，该决策树是关于消费者是否分享视频的决策过程，如图2.2所示。根据图2.2，视频内容的相关性和是否能激发情感联系会影响人们对视频的分享和转发行为。Phelps 等（2004）曾发现，互联网用户会在体验到下述情绪时转发邮件：开心（Happy）、快乐（Brightens）、兴奋（Excited）、有联系（Connected）和被感动（Inspired）。同时，当人们体验到消极情绪时，如恼火（Irritated）、失望（Disappointed）、不堪重负（Overwhelmed），也会转发邮件。可见，情绪在人们将邮件传递给朋友和亲人时起到了至关重要的作用，观看者体验到的情绪越强烈，就越可能转发这些信息（Phelps et al.，2004；Dobele et al.，2007）。

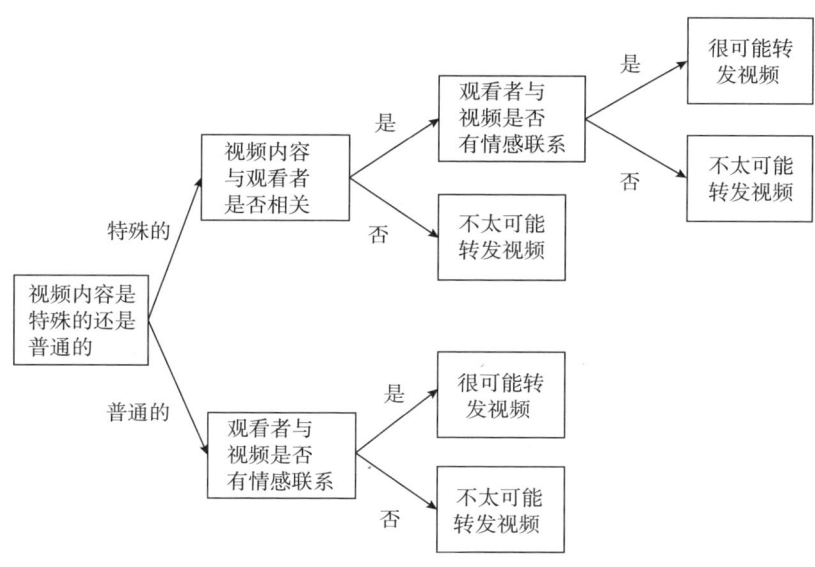

图 2.2　消费者是否在网络上转发视频的决策树

资料来源：Botha E.，Reyneke M. To Share or Not to Share：The Role of Content and Emotion in Viral Marketing [J]. Journal of Public Affairs，2013，13（2）：160-171.

综上可知,"病毒营销"这一概念侧重于产品或品牌信息在网络上快速传播的一种状态——像病毒一样传播,它事实上仍然是在探讨消费者在网络或社交网络平台中分享口碑信息或转发口碑信息。因而,本书想要探讨的社交网络情境下的消费者口碑生成研究也属于病毒营销领域,只不过仅侧重于病毒营销的口碑生成环节而不涉及口碑生成后的持续传播环节。

第三章 社交网络情境下消费者口碑生成的影响因素模型

本章利用"新浪微博"作为消费者真实口碑文本的收集渠道,利用这些社会化足迹的质性资料进行扎根研究,从而形成基于扎根理论的社交网络情境下口碑生成的影响因素模型。此外,由于"新浪微博"的口碑文本无法反映出社交网络情境的特点,本章还将进一步采用焦点小组访谈的方法来探讨社交网络情境对口碑生成的影响。

第一节 基于扎根理论的研究设计与方法

扎根研究是运用系统化的程序,针对某一现象来发展并归纳式地引导出理论的一种定性研究方法。定性研究与定量研究各有优点和缺点,分别适用于不同的研究问题和情境。定量研究方法往往只能考察少数变量对口碑生成的影响,以致对口碑生成的考察不够全面。社交网络中消费者口碑生成的影响因素错综复杂,相比于定量研究,扎根研究可以更全面地考察各类影响因素以及它们之间的关系,能够更好地与本章想要探讨的问题相契合。鉴于此,本章试图利用基于扎根理论的质性研究方法,以社交网站"新浪微博"中消费者真实口碑为研究对象,利用社会化足迹的文本信息进行质性研究，全面考察影响消费者在社交网络情境中口碑生成的因素，以补充口碑生成相关的文献。

一、口碑文本的收集

首先，本研究确定了口碑文本收集的渠道为"新浪微博"。鉴于网络论坛的匿名性、即时性、开放性等特点，研究者能够观察到较为自由的、真实的言论，满足扎根理论根植于现实、系统的收集与分析数据的基本要求（李英和杨科，2016）。选择"新浪微博"的原因在于，该社交网站的知名度高、具有一定匿名性的同时也存在线下的真实人际网络、信息丰富程度高等。

本研究招募了 20 名本科生，让他们列举出自己或他人在社交网络上发布过口碑的产品或服务，从中筛选出频率较高的对象，这些对象更容易被推荐或谈论。例如，唇膏比身体乳频率更高，因为唇膏具有更高的社会可视性且生活情境中的触发线索较多。最终选取了妆饰、佩饰、餐饮、旅游、数码、游乐六大类产品或服务作为口碑信息的主体，从而尽可能覆盖各种产品类型。每大类产品都选择了两个具体的搜索关键词（见表 3.1）。本研究共设置搜索关键词 12 个，根据每个关键词搜索到符合要求的口碑信息 55 条，共收集到 660 条口碑信息。以其中的 600 条口碑信息作为模型构建使用，而剩余 60 条口碑信息（每种关键词预留 5 条）作为检验模型理论饱和度使用。

表 3.1 口碑文本收集的关键词设置

产品类型	搜索关键词
妆饰	唇膏 A、项链 B
佩饰	包包 C、手表 D
餐饮	咖啡 E、餐厅 F
旅游	酒店 G、农家乐 H
数码	智能手环 I、扫地机 J
游乐	迪士尼 K、玩具 L

注：字母表示口碑序号中的首字母。
资料来源：笔者整理。

口碑信息与普通评论性信息不同，在搜索时具有极大的"噪声"，很多微博会提到产品，但却并不是口碑。笔者需要在理解口碑定义与内涵的前提下进行人工筛选，才能鉴别出真正的口碑。本研究在选择样本口碑文本时设立了以下几个标准：第一，必须是正面或中性的口碑，而非负面口碑，中性口碑对企业也可以产生积极作用，就类似于广告曝光的作用；第二，文本搜索时需要排除掉"微商""商业展示""公众平台"等非正常文本或推销信息，只选取消费者纯粹口碑或称内生性口碑，而非企业激励口碑；第三，除了提到产品类别，还必须要提到品牌或具体产品（或产品晒图）才算是口碑，而且所提到产品的所有者应该是口碑发布者自己而非他人；第四，口碑文本应以产品或品牌为主题，而不是谈论其他事物而顺便提到产品或服务。

二、扎根研究方法

扎根理论是质性研究中的一种方法，其主要宗旨是在经验资料的基础上建立理论（Strauss，1987）。研究者在研究开始之前一般没有理论假设，直接从实际观察入手，从原始资料中归纳出经验概括，然后上升到理论。这是一种从下往上建立实质理论的方法，即在系统收集资料的基础上寻找反映社会现象的核心概念，通过这些概念之间的联系构建相关的社会理论。扎根理论方法的一般流程中，需要对质性数据进行开放式编码、主轴编码和选择性编码来构建出理论模型，如图 3.1 所示。

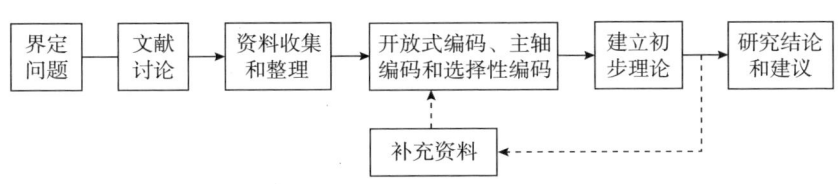

图 3.1　扎根理论流程

资料来源：Pandit N. R. The Creation of Theory：A Recent Applicant of the Grounded Theory Method [J]. The Qualitative Report，1960，2（4）：1-20.

编码是收集数据和形成解释这些数据的理论之间的关键环节。通过编码，可以定义数据中所发生的情况，反复思考它们的意义。在三级编码中，研究的第一步先把原始的口碑文本进行逐条分析，再把提及频次高的概念类别进行归类，产生若干开放编码概念；第二步进行进一步逼近研究主题的主轴编码，将研究主题与资料建立联系；第三步运用选择性编码对二级编码进行整合与精练，得出消费者口碑生成的影响因素模型。

1. 开放式编码

开放式编码（Open Coding）是指将所获得的质性资料逐步进行概念化和范畴化，通过不断比较来促进更多概念和范畴的形成。开放式编码的目的在于指认现象、界定概念、发现范畴，也就是处理聚敛问题。在开放式编码中，要对能够在数据中识别的任何理论可能性保持开放。在编码时，需要尽量减少研究者个人的偏见、定见或影响。开放式编码需要紧贴数据，要防止在进行必要的分析工作之前，发生概念跳跃，并接受已有理论。在这一步骤中，应该激发研究者的思考，并允许新的观念出现，研究者头脑中不能有任何预先形成的概念（Charmaz，2006）。这体现出扎根研究的优点，即可以从最早的研究阶段就发现数据中的缝隙和漏洞。

根据开放式编码的要求，本书对所选取的600条口碑文本进行编码。分析每条信息所涉及的情境、口碑对象的特征、消费者认知、消费者情绪、口碑呈现模式等。通过对每句口碑信息进行贴标签以及反复整理分析，最终从文本资料中抽象出若干范畴和初始概念，如表3.2所示。为了节省篇幅，每条初始概念仅展示了三条原始语句（有些原始文本太长，只呈现了与主题相关的部分语句）。

表3.2 开放式编码范畴化

范畴	原始资料语句（初始概念）
赠礼情境	B22 逛到最后给自己买了个小项链聊以慰藉吧~（晒图）（给自己买——自我赠礼） D3 六一儿童节送女儿一个儿童定位手表！（晒图）（送给女儿——赠送礼物） I3 儿子给我们买的礼物——智能手环，我们非常喜欢，非常实用，佩戴着非常舒服！（别人给买——获赠礼物）

续表

范畴	原始资料语句（初始概念）
初次体验	F24 话说这是第一次吃这种韩式火锅，先啃骨头，里面有土豆。吃完会有人就着汤汁在锅底炒饭，里面加了酸菜，吃起来会比较解腻。（晒图）（第一次——初次体验） G23 第一次坐双体的帆船出海，帆船的下层一共有四个房间，上层是一个大厅，各种设施齐全……（晒图）（第一次——初次体验） A21 50块的卷笔刀还是第一次买哈哈……（晒图）（第一次——初次体验）
新得情境	B11 几经波折终于在今天收到我的项链了，第一眼看到觉得好闪好耀眼，主钻比我预期的更大更美丽……（晒图）（今天收到——新得情境） D8 我酷炫的新手表！（晒图）（新产品——新得情境） I19 新入手的手环，很智能，也挺准确，没毛病！很满意！（晒图）（新入手——新得情境）
异地购物/消费	A10 真的是购物天堂，走两步就是一个大商场。准备回内地了，忍不住顺了3支变色唇膏，跟不要钱一样。（晒图，迪奥）（异地购物） H14 雅典GR的农家乐，原生态的烤羊排，超级棒！（晒图）（雅典——异地消费） F33 Bombeta餐厅是巴塞罗那最早的一批酒馆，营业至今依旧保持着"整个巴塞罗那最好的土豆丸子"的称号。现在每天都有不少游客来这里一探究竟，所以无论什么时候都需要有10~20分钟的排队等位的过程。（巴塞罗那——异地消费）
有限消费机会	E11 知道11号就暂停营业后赶紧来喝我的摩卡，以后去哪儿找这种安静的咖啡厅和这么好喝的摩卡呢……（晒图）（即将停业——有限消费机会） E33 一家很有爱的餐厅，一楼吧台制作咖啡饮料，二楼开放式厨房制作私房料理，大厨就是老板娘本人，接待能力有限最好能提前预订，菜品很不错特别是牛肉，特调饮品也好喝。（晒图）（接待能力有限——有限消费机会） L34 第一次进一个玩具店还要排队，"不过蛮少女心"……（排队——基于高需求的有限消费机会）
消费期待	D26 我从小就希望自己买一块Swatch的手表，今天终于拥有了。（晒图）（从小就希望——消费期待） E12 图1的餐厅种草很久啦［憧憬］。在华山医院旁边，早上看完门诊就去拔草啦［馋嘴］……（晒图）（"种草"——消费期待） K11 Anyway，总算圆了去迪士尼的梦。（圆梦——消费期待）
消费等待	B12 等了一个月终于到了~一直期待神秘礼物是什么，项链很美。（晒图）（终于到了——消费等待） C23 海淘的Coach包包居然等待了一个多月才到货，不过终归是值得的，比国内便宜不少。（晒图）（等待了一个多月——消费等待） L14 ……新玩具，水雾魔珠，广告里看到的，预定了很久才到……（晒图）（预定很久——消费等待）
自豪	B7 在小红书服务器瘫痪的情况下，抢到了项链，用时0.05秒，刚支付完就被抢空……简直不要太高兴！（晒图）（自己抢购到商品——自豪） I9 公司发的智能手环，虽然不是watch，但是软硬件都是自己公司研发的，棒棒！（晒图）（自主研发——自豪） L17 现在的玩具是越来越高端了，拼了一下午，终于拼起来了，还原程度还不错，很精致。（晒图）（自己组装的成就感——自豪）

续表

范畴	原始资料语句（初始概念）
惊讶	B21 未来嫂子送了一条施华洛世奇的项链（真是 surprise）。（晒图）（惊讶） E1 惊悚了，北京最高级的商场之一，芳草地，10 楼，开了一家环境极好的咖啡馆，可乐 5 块钱，茶 5 块，咖啡 15，价格堪比五线城市的城郊结合部……（晒图）（价格低于预期——惊讶） I5 今天在迪卡侬骑了一会儿健身单车，华为的智能手环竟然识别出来了。怎么做到的，骑的时候手放在车把上没动啊，这是根据什么识别的。（晒图）（功能超出预期——惊讶、出乎意料）
激动、兴奋	D1 下午买了心心念念很久的电话手表。各种试验一直兴奋到晚上……（晒图）（兴奋） G23 ……乘坐双体帆船出海既激动又让人感到惊喜万分……（晒图）（激动、惊喜） H20 很兴奋~很喜欢这种群体外出农家乐的活动~让我想起高中学农的生活~~（晒图）（兴奋）
怀旧	A11 欧莱雅的味道很像小时候用过的一款橡皮……（晒图）（小时候用过——怀旧） K7 ……感谢戈导、感谢迪士尼让我重新在大银幕上看见 1997 年《英雄少年历险记》时期我们还是鲜肉的普儿，此生无憾，等了十分钟终于等到彩蛋，继续期待下一部。其实想想下一部我大概就快步入中年了。（晒图）（还是鲜肉时——怀旧） L7 最期待的就是小黄人玩具~我要凑齐 Minion 军团~想当年第一代的 Minions 是在英国吃儿童套餐吃到吐才集齐的，第二代是在加拿大和中国一起攒齐的……（晒图）（想当年——怀旧）
喜欢、开心	A47 胖送的 CPB 细管唇膏 230、236，真的是超级喜欢了……应该是他送我的口红中我使用率最高的了！（喜欢） C14 想告诉全世界我买了一个这么好看的包包，太喜欢太喜欢！！（晒图）（喜欢、高兴） I6 开心获得 GOGO HR 智能运动心率手环的试用，而且是积分中的呢，最近可以买彩票了。（晒图）（高兴）
新奇有趣	B44 收到一条项链，每次照镜子越看越像小黄人，每次都想笑。（晒图）（想笑——产品设计有趣） E37 怎么这么有趣！不小心进了一家咖啡店，店里正放着《白兰鸽巡游记》，于是我坐下来等天黑，坐的位置上放着一个本子和一支笔。布朗尼很甜我很喜欢，我开始写点东西，写着写着前面的字迹就变淡了！是的！当我发完这条微博的时候，写的东西已经！几乎！全都！消失了！哇！！是不是我写过的地方曾经也有谁写过他的故事？（物品新奇有趣） F35 偶然的机会在大众点评上看到 Spacelab 失重餐厅，挺有趣的，餐都是飞过来的，科技感十足……（晒图）（环境设计新奇）
独特少见	E19 在爱村这么久，第一次知道在市中心常去的书店里还藏有一家咖啡厅，安静人少，店员小哥人很暖，而且咖啡种类比一般的面包店、咖啡厅多，爱上这地方只需要一秒。（晒图）（人少、种类比一般多——独特、少见） F40 Dining on the rock，全球十大悬崖餐厅，景观不错滴，有仪式感的服务，我欣赏。（晒图）（悬崖餐厅——独特少见） G3 ……网站上一间完全零评论的酒店我也会去试试看，结果迷路了三大圈以后，还是在一片野花丛间找到了这个铁皮旅店……就在这样一个地方，竟然出现了一个完完全全是我想要的小天地……（晒图）（没想到——未预期，独特少见）

第三章　社交网络情境下消费者口碑生成的影响因素模型

续表

范畴	原始资料语句（初始概念）
异域风情	F22《Sultan 苏坦土耳其餐吧》找了个听说是妖都屈指可数超级好吃的土耳其菜下馆子！我个人感觉是比土耳其当地好多餐厅都做得好吃……周围五成以上外国人，老板是外国人，服务员英文很溜，就餐环境、桌椅、吊灯都是西亚那边的繁复风格，可以说是非常还原、非常地道了！（晒图）（外国——异域风情） F25 曼芭柒东南亚餐厅，是冲着咖喱虾进去的，没想到跟蕉叶家的咖喱皇大虾口味做法不一样，反而还更贵一点，太饿急着吃都忘记点饮料了。（晒图）（东南亚——异域风情） G8 马达加斯加穆隆达瓦 Palisandre Hotel，是当地唯一一家四星级酒店，在这里可以尽情放松，来自非洲的异国情调。（晒图）（非洲的异国情调——异域风情）
奢侈昂贵	G4 入住康莱德酒店，这里拥有金色沙滩，是一个高度个性化的奢华风格酒店，还收到很多的小礼物……（晒图）（奢华风格——奢侈昂贵） G41 ……46 吨黄金打造的"阿布扎比皇宫酒店"，采用传统阿拉伯皇家典范与西方贵族奢华风格完美结合设计理念，犹如皇宫一般彰显"皇者气派"，走进大堂才体会到什么叫真正的金碧辉煌，如此吸金奢华，不愧是国王入住的地方~（晒图）（黄金、皇宫——奢侈昂贵） D34 这就是刚刚发布的"驴牌"（Louis Vuitton）智能手表，也是目前最贵的智能表，第一时间上手。（最贵的——奢侈昂贵）
知名品牌	A39 今天用了 CHANEL 的 Rouge Coco shine 84 号……果然正红系的都不会不好看……（晒图）（知名品牌） B47 收到了人生中的第一条 Tiffany 的项链……以前好像对这些穿的戴的东西都没啥概念……（晒图）（知名品牌） G14 入住东京台场希尔顿酒店，房间升级到了高级行政，景色美不胜收！（晒图）（知名品牌）
拟人化	D42 跟了我两年半的手表突然停止了走动，好像时间就定格在下午 2 点整一样，不知道我是该将你封存还是重新赋予你生命力，希望每天都能像这花一样美丽。（晒图）（赋予生命力——拟人化） E22 相对于外边那些打着性冷淡风的妖艳贱货咖啡馆们，我还是更喜欢这种专心研究的老式咖啡馆，老板还送了一杯手冲，完美。（晒图）（妖艳贱货、专心研究——拟人化） J13 Proscenic 机器人扫地机，解放双手的福音，小家伙倔强，清扫得干净，一定不会让我失望的。（晒图）（小家伙倔强——拟人化）
名人效应	E13 白天鹅咖啡馆，马克思当年写作的地方。（晒图）（马克思——名人效应） G12 清迈的这家 Anantara 酒店设计得非常棒。旅行之余特来学习一下，这里也是刘德华《十二门徒》的取景地。（晒图）（刘德华——名人效应）
人际联系	A36 闺蜜出国前送我的唇膏，用了好久，每次用它都能让我想到你。（闺蜜——人际联系） C30 ……谁这么默契，买一样的包包~我！我！我！@今天做了些有意义的事了吗@怀念小时候的我。（与朋友一样的包包——人际联系） I47 呵呵，今天抢了小雷子的智能手环，哈哈，太霸道了。（人际联系）

续表

范畴	原始资料语句（初始概念）
认可功能	A20 我觉得欧莱雅那支CC唇膏芭比粉挺适合做调和唇膏用的，把它和其他比较饱和的颜色调和在一起效果挺好的，尤其是偏干的唇膏。（晒图）（认可功能） D2 ……最近对这支手表爱不释手！……时间变化的时候它会自动变换不同的kitty图案，生日、特殊节日也有隐藏图案，还能看温度、看天气，是不是很贴心、很棒！（晒图）（认可功能） I39 第一次使用智能手环，戴在手腕上蛮舒适的。手环能记录很多运动数据，还能够实时检测心率，运动后看到消耗的热量也是一种激励。防水性不错，汗湿或者雨淋完全不用担心啦……#荣耀手环3#（晒图）（认可功能）
认可环境	E6 最喜欢星巴克的风格，没事悠闲地坐在这里，听听音乐，喝点咖啡~~（愿意停留——认可环境） E38 ……在这里待了一个下午真的好舒服，这可能是我遇到过最舒服的咖啡店了吧……（最舒服——认可环境） F21 从101景观餐厅和台北W酒店看台北的夜景真的太棒了，真想时间可以再慢点……台北再见……（晒图）（喜欢景色——认可环境）
认可外观	A41 这几天最喜欢用的唇膏，外表真的好美貌。（晒图：迪奥唇膏）（认可外观） C19 补图补到绝望的时候收到蒜的包包简直就是雪中送炭，颜值当然就不用说啦，美翻美翻美翻……（晒图）（认可外观） D28 Swatch这款手表也太好看了吧，戴上它就变成了一个小仙女。（晒图）（认可外观）
认可性价比	A13 Nars唇膏笔，超级实惠……（晒图）（认可性价比） D40 本一折海淘收了块Gay牌手表，也算是捡了个大便宜。（晒图）（认可性价比） G30 本次行程订的最满意的酒店，太美了，性价比超高，连浴袍都是Maison Martin Margiela，好奢侈。（晒图）（认可性价比）
满意度	G20 这酒店真的很棒，晚上可以看到夜景，有投影电视，而且还在市中心地段！火锅也真的是好吃，越吃越辣的那种，山里的这家很推荐！（晒图）（对环境和食品满意——满意度） I17 唯乐Now2智能手环，电池续航确实逆天，运行稳定无死机，自动监测心率，整体还是非常满意的，是一款具有科技感的产品。（晒图）（对功能满意——满意度） L2 嗯，新玩具不错，朕甚心欢（晒图）（对新购产品满意——满意度）
仅是谈论 （口碑呈现）	I29 唯乐NOW2智能手环，感觉真不错，跑步时的心率全程监测。摆脱手机的束缚，极速开跑棒棒哒！（仅是谈论） J26 纠结了一个多月的扫地机，昨天一大早付款，下午就送到了。后悔没有早点买，太省事了！天气太热，真心懒得动！（晒图）（仅是谈论） G46 机缘巧合，住到了邓丽君在清迈最喜欢的帝国美平酒店，可以参观她住过的房间1502，从来没有想过可以离她这么近。（仅是谈论）
直接推荐 （口碑呈现）	H35 ……网上一直流传着"不用去法国的普罗旺斯，也不用去新疆伊犁，只要去南京的谷里"的口号，适合全家去拍摄游玩的农家乐，因为太美一定要为其做广告！只想把自己喜欢的分享到朋友圈！（晒图）（为其做广告——直接推荐） F32 ……厨师手法老到，细腻醇香的蛋黄密实地包裹住食材，没有一丝多余的油腻，好吃到停不下来！大力推荐！（晒图）（直接推荐） I40 第一次9.9元买到这么好的智能手环，推荐给大家。（晒图）（直接推荐）

续表

范畴	原始资料语句（初始概念）
积极消费行为（口碑呈现）	A7 NARS dv 真的是最日常、最好看、最值得买的唇膏笔了，平常懒得化妆又想有好气色的不二选择就是涂它出门。最常用口红，没有之一，还会回购。谨以此文悼念我第一根用完的口红。（晒图）（用完——物尽其用） E2 六层新开的 Open House 把咖啡馆、书店、概念餐厅、共享空间和艺廊结合在一起，选好一本书在这里完全可以待上一整天。（晒图）（待上一整天——消费时间长） H23 自从2002年开始住进华阳符河音乐花园，就开始到这一家"凤来栖"农家乐鱼庄吃饭，每年都会来好多回，野生鱼做得好、入味，环境优美，今天又来吃了……（晒图）（每年好多回——重复消费行为）
未来消费计划（口碑呈现）	A3 这款纪梵希唇膏太美貌了，已经用了一大半，用完一定会回购的。（晒图）（会回购——未来消费计划） K20 有时间还要去迪士尼二刷，开心！（晒图）（有时间还要去——未来消费计划） E9 湖州言雀咖啡馆，被朋友安利好多次了，总算有空去拔草，完全是我喜欢的Style，甜品、饮品都很棒，最重要的是拍照相当好看，下次还要再去~（晒图）（下次还要再——未来消费计划）

注：笔者适当修改了口碑信息中的错别字、语法错误等。
资料来源：笔者整理。

2. 主轴编码

主轴编码（Axial Coding）是将开放式编码中被分割的资料通过类聚分析，在不同范畴之间建立关联。主轴编码的主要任务是更好地发展主范畴。具体做法是发展范畴的性质和层面，使范畴更严密。同时将各个独立范畴联结在一起，发现和建立范畴之间的潜在逻辑关系（王建明和贺爱忠，2011）。开放式编码使数据分裂为不同等级和不同类型的代码。而主轴编码使得类属和亚类属联系起来，使得类属的属性和维度具体化，重新排列了在开放式编码中分裂了的数据，使生成的分析具有一种连贯性（Charmaz，2006）。通过主轴分析，本研究发现，消费者口碑生成过程中的前置因素之间存在一定的范畴归类，如表3.3所示。

表3.3 主轴编码形成的主范畴

类别	主范畴	对应范畴	范畴的内涵	文献参考
消费情境	情感性消费情境	赠礼情境	消费者获赠礼物、赠送他人礼物或者自我赠礼的情境，情境中包含积极的情感体验	Qian 等（2007）；Mick 和 Demoss（1990）
	初始性消费情境	初次体验	消费者首次体验到服务或首次尝试产品的情境，强调之前从未有过相关经验或体验	无
		新得情境	消费者刚刚获得产品的情境，强调时间节点的影响	无

续表

类别	主范畴	对应范畴	范畴的内涵	文献参考
消费情境	稀缺性消费情境	异地购物/消费	消费者在异地购买产品或异地消费的情境，强调地域对购买机会稀缺性的影响	Abendroth 和 Diehl（2006）
		有限购买机会	基于低供给或高需求的具有一定稀缺性的购买机会的情境	Verhallen 和 Robben（1994）
	过程性消费情境	消费期待	消费者在购买或消费前有较长一段时间进行期待的情境。该过程具有一定的不确定性，但附有积极的情感体验	Lee 等（2006）
		消费等待	消费者需要进行产品或服务预订，或者运输时间较久的情境。虽然存在购买与获取的时间差，但获取的确定性较强	Shugan 和 Xie（2005）
产品/服务属性	产品/服务的趣味性	新奇有趣	产品或服务设计显示出新鲜、奇特、引人注意并激发消费者兴趣	Moldovan 等（2011）；Chen 和 Berger（2013）
	产品/服务的独特性	独特少见	产品或服务设计比较少见，具有较强的独特性和差异性	Terman（2007）
		异域风情	产品或服务设计充满异域或异国元素和情调，强调这些元素带来的独特性感知	Terrero（2012）
	产品/服务的昂贵性	奢侈昂贵	产品或服务具备独特、稀缺、珍奇等特点，价格昂贵，非生活必需品	Duquesne 和 Dubois（1993）
		知名品牌	具有较高声望、美誉度和知名度的品牌，往往价格较为昂贵	Keller（1993）
	产品/服务的情感性	拟人化	产品容易被人格化，产品看起来和人一样具有动作和感情	Aggarwal 和 Mcgill（2007）
		名人效应	产品或服务与名人相关联，创造了与他人进行社交互动和增加情感体验的机会	Pornpitakpan（2004）
		人际联系	产品或服务与其他人（如亲朋好友）相关联，创造了与他人进行社交互动和增加情感体验的机会	无

续表

类别	主范畴	对应范畴	范畴的内涵	文献参考
情绪	自我意识情绪	自豪	消费者感知到自我意识中的积极一面时感受到的情绪	Salerno 等（2015）
	高唤起积极情绪	惊讶	消费者感觉到出乎意料，发生了意料之外的状况时所感受到的积极情绪，具有较高的情绪唤起水平	Valenzuela 等（2010）
		激动、兴奋	消费者因获得、购买或消费产品或服务而产生的激动或兴奋的积极情绪，具有较高的情绪唤起水平	Kim 等（2010）
	中等唤起积极情绪	怀旧	消费者回忆起过去的美好事件或人时产生的积极情绪	Zhou 等（2012）
		喜欢、开心	消费者因获得、购买或消费产品或服务而产生的高兴或开心的积极情绪	Kwortnik 和 Ross（2007）
产品/服务满意	对单一属性的认可和满意	认可功能	对产品或服务的功能（如可靠性）感到满意，功能体验超出预期	Debono 和 Snyder（1989）
		认可环境	对服务环境感到满意，环境体验超出预期	Baker 和 Cameron（1996）
		认可外观	对产品外观或形态感到满意，外观体验超出预期	Debono 和 Snyder（1989）
		认可性价比	在同等质量水平下对产品或服务的价格感到满意，或者在同等价格水平下对产品或服务的质量感到满意，实际性价比超出预期	无
	对整体的认可和满意	满意度	从整体上对产品或服务感到满意，实际体验超出预期	Anderson（1998）
正面口碑	口碑呈现方式	仅是谈论	仅谈论到产品或服务，而不包含明显的推荐意愿	Berger（2013）
		直接推荐	向他人积极地推荐产品或服务，试图说服他人进行购买或消费	Berger（2014）
		积极消费行为	表示自己对产品实现了物尽其用或者对服务实现了较长时间的消费或重复性消费，对自己过往的消费行为的描述	武瑞娟和李东进（2009）
		未来消费计划	表示自己将会重复性购买或消费，对自己未来的消费行为的描述	无

资料来源：笔者整理。

3. 选择性编码

选择性编码要在主轴编码的基础上，进一步系统地处理范畴与范畴之间的关联。它是从主范畴中挖掘核心范畴，分析核心范畴与主范畴与其他范畴之间的联结。本研究中，主范畴的典型关系结构如表3.4所示。在此基础上，本研究构建和发展出消费者口碑生成影响因素的理论框架，如图3.2所示。促进消费者发布口碑的因素可以分为客观因素和主观因素，它们都可能直接促进口碑的生成，同时客观因素有可能会通过主观因素促进口碑的生成。很多时候不是单一的客观因素或主观因素，而是多重因素共同促进口碑的生成。

表3.4 主范畴的典型关系结构

典型关系结构	关系结构的内涵
消费情境—口碑行为	情感性、初始性、稀缺性、过程性等特定消费情境是促进消费者口碑生成的客观情境因素
产品/服务属性—口碑行为	产品/服务的趣味性、独特性、昂贵性、情感性等属性是促进消费者口碑生成的客观产品因素
消费者情绪—口碑行为	一些高唤起和中等唤起的积极情绪、积极自我意识情绪是促进消费者口碑生成的主观情绪因素
对产品/服务的满意—口碑行为	消费者对产品/服务的整体满意或对某一特定属性的满意是促进消费者口碑生成的主观认知因素
消费情境—主观因素—口碑行为	特定消费情境可能会通过影响主观因素（情绪、产品/服务满意）进而促进消费者口碑的生成
产品/服务属性—主观因素—口碑行为	特定产品/服务属性可能会通过影响主观因素（情绪、产品/服务满意）进而促进消费者口碑的生成
情绪—对产品/服务的满意—口碑行为	消费者情绪可能会通过影响对产品/服务的满意进而促进消费者口碑的生成

资料来源：笔者整理。

图3.2中的研究模型是笔者在前人研究的基础上构建的。Ladhari（2007）曾把情绪和满意度作为消费者口碑的影响因素，其中情绪会通过满意度来影响口碑。在此基础上，本研究将重要的客观因素（消费情境、产品/服务属性）也纳入影响因素模型中。具体而言，消费情境包括情感性消费情境、初始性消费情境、稀缺性消费情境和过程性消费情境，产品/服务属性包括产品/服务的趣味性、

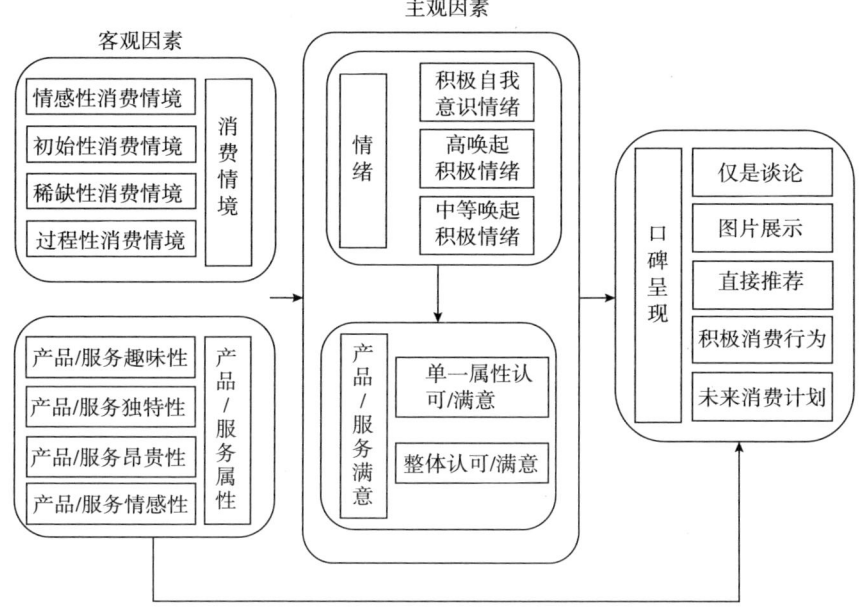

图 3.2 基于扎根理论的社交网络情境下口碑生成的影响因素模型

注：口碑呈现方式中的"图片展示"是根据后文"焦点小组访谈法"而增补的方式。

资料来源：笔者整理。

独特性、昂贵性和情感性。此外，本研究将情绪进一步分出具体情绪，包括积极自我意识情绪、高唤起积极情绪、中等唤起积极情绪。研究模型中各类因素之间的关系将在后文的模型阐述中具体展开。在该理论模型中，大部分影响因素在线下口碑中也是适用的，但是有些因素更适用于社交网络情境或者影响效应较强。本研究根据第二节"焦点小组访谈法"所总结出的社交网络中口碑生成的特点，对该理论模型在社交网络情境中的适用性进行了详细的论述。

4. 理论饱和度检验

理论饱和度检验是决定何时停止采样的鉴定标准。理论饱和度检验是指不可获得额外数据以使分析者进一步发展某一个范畴的特征的时刻（胡幼慧，1994）。也就是说，当收集新鲜数据不能再产生新的理论见解，也不能再揭示核心理论类属新的属性时，类属就"饱和"了。为了检验理论饱和度，将剩下的 60 条口碑文本按照同样的方法进行编码和分析。下面列举 5 条口碑作为举证。

文本 1：C55"幸好定了闹钟，抢到了好开心，真的是包治百病，整个人神清气爽了。（晒图）"消费者抢购情境中供求不平衡产生了稀缺性，归类为"稀缺性消费情境"。该口碑生成过程符合图 3.2 中的"稀缺性消费情境（有限购买机会）—积极情绪—口碑"的路径。

文本 2：D53"时间过得好快，第一支手表已经五岁了，谢谢它兢兢业业的陪伴，休息一下，我们继续走下一个五年。（晒图）"该口碑生成过程符合图 3.2 中的"产品/服务属性（情感性：拟人化）—口碑"的路径。

文本 3：B54"……其实我那一瞬间有点懵，之后心里笑开了花，感谢爸妈送给我两条小天鹅项链，我一定好好工作。（晒图）"该口碑生成过程符合图 3.2 中的"情感性消费情境（赠礼情境）—积极情绪—口碑"的路径。

文本 4：E54"哈利波特主题咖啡馆——如果你觉得咖啡不够好喝，就挥舞魔杖把茶杯变成老鼠好了！仿佛小说真实场景还原，书迷、影迷一定会来打卡的咖啡馆。（晒图）"该口碑生成过程符合图 3.2 中的"产品/服务属性（独特性：独特少见）—口碑"的路径。

文本 5：I51"智能手环给我打开了新世界的大门啊，太酷炫了，简直要 24 小时都戴的节奏，还防水，还是蓝牙耳机。（晒图）"该口碑生成过程符合图 3.2 中的"产品/服务满意—口碑"的路径。

结果显示，剩余口碑文本基本符合图 3.2 中的模型路径，没能形成新的范畴，也没有形成新的关系。在扎根理论看来，如果新的个案无法再动摇之前的主题或假设，研究就是全面的（Rubin and Rubin，1995）。因此，可以认为图 3.2 中的模型是饱和的。

三、模型解释

1. 特定消费情境对消费者口碑生成的影响

特定消费情境是引发消费者产生口碑的客观因素。并非所有消费情境都会引发口碑，根据本研究可知，情感性、初始性、稀缺性和过程性消费情境容易引发口碑。

（1）情感性消费情境主要指赠礼情境（如获得礼物、送人礼物和自我赠礼）。中国人的人际赠礼行为源于一系列文化价值观包括人情、关系、缘分、互惠、家庭取向和面子（Qian, Razzaque and Keng, 2007）。加强送礼者与收礼者之间的情感联系是赠礼的目的之一（Qian, Razzaque and Keng, 2007），而社会联系是消费者分享口碑的内在动机之一（Berger, 2014）。因而，加强社会联系的动机在驱动赠礼行为的同时也驱动了口碑分享，而收礼者口碑作为一种信息反馈和互动也促进了口碑生成。自我赠礼是指个体通过特殊的放纵进行的象征性自我沟通（Mick and Demoss, 1990）。在社交网络中分享赠礼相关的口碑也是消费者通过自我展示而产生的精神上或情绪上的自我奖励。

（2）初始性消费情境包括初次体验和新得情境。初次体验是指消费者首次体验到服务或首次尝试产品的情境。新得情境是指消费者刚刚获得产品的情境。在初始性消费情境中，消费者对产品或服务充满好奇。由于人们的注意力是有限的，所以会对新事物赋予更多的注意力和好奇心。对于新产品或产品创新，消费者经常会产生好奇（Noseworthy, Muro and Murray, 2014）。好奇属于一种积极的消费者唤起状态，它会促进消费者对产品的正面评价（Noseworthy, Muro and Murray, 2014）。因而，在初始性消费情境中，好奇会增加消费者对产品/服务的满意从而促进口碑生成。

（3）稀缺性消费情境包括异地购物/消费和有限购买机会（基于低供给或高需求）。有限购买机会是指错过该次购买机会后未来很难再得到的购买机会（Abendroth and Diehl, 2006；李东进，马云飞和李研，2013）。现实生活中很多消费情境中的购买机会属于有限购买机会，例如商品的销售地域有限、销售时间有限或数量有限。异地购物/消费属于有限购买机会的一种，但是它并非源于低供给或高需求，而是源于消费者一方的时间压力。基于此，本研究将异地购物/消费与基于低供给或高需求的有限购买机会区分为两个子维度。购买机会的有限性会使人感受到购买机会的稀缺性（Abendroth and Diehl, 2006），因而异地购物/消费和有限购买机会被归入了稀缺性消费情境。

(4) 过程性消费情境包括消费期待和消费等待。Lee、Frederick 和 Ariely (2006) 研究发现，积极的消费期待会改善消费者的实际体验。如本研究所示，积极的消费期待会提高消费者对产品或服务的满意度，从而增加了口碑分享意愿。在预售或网购情境中，经常会出现消费等待，即购买时点与获得产品的时点存在时间差。适度的等待可以对产品质量产生积极信号作用。

2. 特定产品/服务属性对消费者口碑生成的影响

特定产品/服务属性是引发消费者口碑的客观因素。本研究发现，产品/服务的趣味性、独特性、昂贵性和情感性容易引发口碑生成。趣味性涉及新奇有趣，独特性涉及独特少见和异域风情，昂贵性涉及奢侈昂贵和知名品牌。知名品牌不一定是奢侈的，但是相比于非知名品牌，价格会更高一些。情感性涉及拟人化、名人效应和人际联系。

以往研究指出，具有社交货币价值的产品更容易被消费者谈论（Berger, 2013）。趣味性提升了产品作为社交货币的程度，从而促进了口碑生成。昂贵的或独特的产品或服务容易引发口碑，可能是因为这类产品比普通产品具有更高的身份象征性。以往研究发现，人们会分享更多象征性产品的口碑而胜于功能性产品（Wojnicki and Godes, 2017）。象征性产品比功能性产品具有更强的身份信号作用，分享具备这种属性的产品或服务可以被消费者用于印象管理。

拟人化、名人效应和人际联系被归类于产品或服务属性的情感性。产品易于拟人化是引发口碑的重要因素。拟人化是一种让品牌如同人一般与消费者进行互动，从而为品牌获得一系列竞争优势的营销操作手段（汪涛等，2014）。以往研究认为，企业对品牌进行拟人化处理可以增进消费者对产品的感知有用性（Davis, 1989）。可见，产品或品牌的拟人化可能会直接促进口碑生成，也可能通过增加消费者对产品的满意或积极情绪继而促进口碑生成。

名人效应指出，当产品或服务与某位名人相关联时容易引发口碑生成，比如马克思曾经去过的咖啡馆。以往研究发现，谈论具有共同基础的事物可以使谈话双方的沟通更顺利，共同基础使双方感知到更多的人际相似性（Berger, 2014）。当口碑信息的发布者和接收者同时认识这位名人时，容易增加彼此的感知人际亲近度,产生情感联系。名人效应类似于情感型广告中使用明星做代言人,人们会将对明星的积极感受转移至产品或服务。

3. 特定情绪对消费者口碑生成的影响

特定情绪是引发消费者产生口碑的主观因素。情绪包括效价和唤起两个维度,效价描述的是情绪的愉悦程度,唤起描述的是情绪的生理激活程度(Russell,2003)。情绪可以被分为两种类型:基本情绪和自我意识情绪(Beer and Keltner,2004)。模型中的特定情绪包括高唤起或中等唤起的积极情绪和积极的自我意识情绪。根据情绪的维度理论(Russell,1980),高唤起积极情绪包括惊讶、激动和兴奋等,中等唤起积极情绪包括喜欢、开心和怀旧等。积极的自我意识情绪包括自豪等(Salerno,Laran and Janiszewski,2015)。

Westbrook(1987)指出高唤起情绪可以刺激消费者传播口碑,而且情绪对口碑的影响不需要经过满意度的认知前提。根据积极情绪的延拓和建构理论,积极情绪可以拓展注意范围,使人们更可能注意到环境中的机遇,从而灵活地选择行为方式来最大化机遇带来的好处(Fredrickson,2001)。快乐的体验可以拓宽个人此刻想要做的事情的范围(Fredrickson,2001),这也包括口碑这一行为。

在情绪唤起水平方面,本研究与以往研究都发现了情绪唤起对口碑生成的重要影响。例如,Berger 和 Milkman(2012)发现,情感上具有高唤起水平的新闻报道更容易被人通过电子邮件转发。Berger 和 Schwartz(2011)发现,即使是源于与情绪不相关的因素(如原地跑步),心理唤起也会导致人们更多的信息分享。Ruvio、Bagozzi、Hult 和 Spreng(2020)发现,当引发消费者傲慢(Arrogance)的感觉时,会增加他们的口碑倾向和行为,包括正面口碑和负面口碑。一般情况下,较低唤起程度情绪往往不容易引发消费者口碑(Ladhari,2007)。

除了惊讶、激动等高唤起情绪外,怀旧作为一种中等唤起的积极情绪也会促进口碑生成。人们倾向于认为怀旧是一种伴随着伤感的快乐情绪,它是积极情绪主导的苦乐参半的体验(陈增祥、何云和刘博群,2014)。怀旧有助于维持和提升自我的积极性并促进人们的亲社会行为(Zhou et al.,2012)。本研究发现,怀旧还可以促进消费者口碑的生成。口碑成为消费者怀旧情绪产生后的一种社会沟通渠道，人们把怀旧情绪通过口碑的形式表现出来，同时也创造了与他人联系和沟通的机会。

自我意识情绪与其他基本情绪不同，它们的出现会伴随着关于自我的复杂认知（Han and Agrawal，2014）。自豪是一种积极的自我意识情绪，自豪对人们的影响有别于普通的积极情绪。自豪是因引起积极结果而获得声望，支持了自我概念中积极的一面时感受到的情绪（Tracy and Robins，2007）。一项跨文化口碑研究发现，中美两国消费者的口碑传播动机中都包括表达成就感，口碑是表达这种成就感的一种途径（Cheung，Anitsal and Anitsal，2007）。成就感与自豪是高度相关的。可见，自豪作为一种积极自我意识情绪可以促进口碑生成。

特定情绪既可能直接促进口碑生成，也可能由于客观因素或其他主观因素引发情绪反应继而促进口碑生成。本研究认为，情绪是引发口碑生成的重要机制，很多时候都是由于特定情绪被引发之后口碑才会生成。例如，"初次体验—兴奋—口碑""收到礼物—惊喜—口碑""功能超出预期—惊讶—口碑"。

4. 消费者对产品/服务满意对口碑生成的影响

消费者对产品/服务的认可反映了消费者较高的满意度。口碑是消费者满意的一种结果，满意的消费者会产生更多的正面口碑（Anderson，1998）。如果消费者对产品/服务产生了出乎意料的满意度，那么更容易引发口碑。以往研究探讨了消费者满意与口碑之间积极关系的原因，包括：①利他，即想要帮助他人；②工具性，即想要看起来见多识广或聪明；③自我防御；④减少认知不协调（Anderson，1998）。本研究仅可以观测到消费者对产品/服务认可度高而产生的满意，无法观测发布口碑的动机因素。在很大程度上，消费者对产品/服务的高满意度是其他影响因素发挥作用的前提条件。

5. 消费者口碑的呈现方式

根据图3.2，口碑的呈现方式包括仅是谈论、图片展示、直接推荐、积极消费行为和未来消费计划。Berger（2014）曾在口碑和人际沟通的研究综述中指出，口碑既包括直接的推荐也包括仅是提到。本书在"仅是谈论""图片展示"和"直接推荐"的基础上，又补充了"积极消费行为"和"未来消费计划"这两种呈现方式。

第一,"积极消费行为"是指口碑内容涉及消费者积极使用产品或服务的经历,即表示自己对产品实现了物尽其用或对服务实现了较长时间的消费或重复性消费。积极消费行为是指消费者在购买产品之后,为实现自己的消费目标或使消费品的效用最大化而采取的一系列行为(武瑞娟和李东进,2009)。例如,产品实现物尽其用是积极消费行为的一种具体表现形式。本研究认为,消费者对积极消费行为的表述是口碑呈现的一种方式,这会对口碑受众产生积极影响。

第二,"未来消费计划"是指口碑内容涉及消费者对产品或服务的未来购买或消费计划,即表示自己将会重复消费。该行为计划可以作为一种社会证明对其他消费者产生参照群体效应。人们常通过观察周围的人来获取应如何行动的提示,来自参照群体成员的产品选择信息会影响人们的品牌偏好。相比于仅提及产品,当看到口碑发布者所描述的未来消费计划时,口碑受众受到的积极影响往往会更强。

6. 影响因素之间的逻辑关系

图3.2所示模型涉及消费者口碑生成的客观因素和主观因素,它们之间的逻辑关系包括以下几个方面:

第一,客观因素按照情境因素和产品/服务属性分成两大类,两类客观因素相互独立,既可以单独影响口碑生成,也可以同时对口碑生成产生叠加的正向影响效应。

第二,主观因素按照认知和情绪分成两类。在认知方面,当消费者对某一属性特别满意或者整体上感到满意时,容易促进口碑生成。在情绪方面,一些积极情绪和积极自我意识情绪会促进口碑生成。这再次证实了情绪抒发是口碑生成的重要动机之一。

第三,积极情绪可能会通过提高消费者满意度而引发更多口碑。有研究曾证实,某些积极情绪(如开心、满怀希望)对消费者口碑分享意愿具有正向影响,而消费者满意度在这一过程中产生了中介作用(Han and Back,2007)。还有研究发现,在服务情境中积极情绪会通过感知利益和感知风险的双重中介作用而影响消费者满意度（Dai，Luo，Liao and Cao，2015）。因而，本研究在模型中标明了情绪对产品/服务满意的潜在影响。

第四，特定消费情境可能会直接促进口碑生成，但很大程度上是通过影响消费者情绪或认知进而促进口碑生成。例如，当消费者获得他人赠送的礼物时，会感到惊喜或开心，在引发积极情绪后促进口碑生成。

第五，特定产品/服务属性可能直接促进口碑的生成，同时也可能通过消费者主观因素（如情绪、对产品/服务满意）促进口碑生成。例如，昂贵的产品/服务一般会比较优质，容易增加消费者满意度进而促进口碑生成。

7. 理论模型与以往研究的相关性与创新性

在产品/服务属性方面，模型再次证实趣味性对口碑生成具有积极影响，昂贵性使产品具备较强的象征性进而促进口碑生成，独特性增加了产品的趣味性或象征性进而促进口碑生成。本研究还提出情感性对口碑生成的影响，该影响可以用社会交互动机或情感抒发动机来解释。以往研究中，产品的有用性与产品/服务满意是相关的，因为有用性可以反映在消费者对产品的认可或满意上。

在情境因素方面，本研究提出了四种促进口碑生成的消费情境，包括情感性、初始性、稀缺性、过程性消费情境。以往研究涉及的"受众特点""关系亲密度""易达性"等因素都无法在口碑文本中体现，它们更多地反映了群际特点或情境诱因，而不是具体的消费情境。

在情绪方面，本书归纳总结出各类容易诱发口碑生成的情绪因素，这在以往研究中较少涉及。定量研究较难全面考察哪些具体的情绪会促进口碑生成，因而本研究在口碑生成的情绪机制方面具有较强的理论贡献。

在产品/服务满意方面，本研究与以往研究相一致，指出较高的产品/服务满意度是促进口碑生成的重要因素，同时也是其他主观或客观因素发挥积极作用的基本前提。

第二节 焦点小组访谈法

一、方法介绍

焦点小组访谈法是一种常见的质性研究方法。质性研究的分析以归纳为主，研究者试图理解样本或被调查者行为的意义和他们对事物的看法，然后在此基础上进行归纳和总结。焦点小组访谈法是一种群体访谈，它需要一名训练有素的主持人以无结构的自然形式与小组中的被调查者进行交谈，从而获得小组其他成员就某一议题的感受、看法、态度和意见等内容。焦点小组访谈时的规模通常为6~8人。根据议题的难度差异，每个焦点小组的讨论时间为1~2小时，通常会进行音频或视频的录制，或者在设有单透镜或监听设备的专业座谈会议室进行。焦点小组访谈法在市场营销领域被广泛地使用，例如，收集用户对产品的意见、收集新产品创意等。由于在焦点小组中，访谈是由多人参与的，就会出现人与人之间的相互影响。根据群体心理学的相关研究，在他人在场的情况下，一个人的思想和行为就会同他独自一人时有所不同。在焦点小组访谈的过程中，消费者之间会相互启发，使讨论内容的范围扩大，研究者可能会获得更加丰富的观点、看法或意见。同时，也可能出现消费者之间的观点趋同或抑制不同观点的情况。因此，在焦点小组访谈进行的过程中，主持人需要有效地把控整场讨论的节奏、议题集中度和思维发散度等问题。表3.5将焦点小组访谈法与深度访谈法进行了比较。

表3.5 两种访谈方法的比较

	焦点小组访谈法	个人深度访谈法
参与人数	每次6~8人参加	每次1人参加
效率	花费较低，效率较高	花费较高，效率较低

续表

	焦点小组访谈法	个人深度访谈法
访谈过程	多人讨论，参与者之间的互动可以激发新的思考和想法	观点和意见来自个人，不易受到他人的影响
适用性	适用于广泛地收集意见、态度和倾向性等内容	适用于深入了解消费者个人的感受、观点、个人习惯等内容

资料来源：笔者整理。

焦点小组访谈法也具有潜在的缺点。首先，焦点小组访谈中所提出的观点并不一定具有典型性。其次，群体访谈容易造成观点上的偏差，如果主持人在主观上存在一定的偏见，或者主持人在个人风格上与其他人有较大差异，会造成访谈结果存在偏差。最后，由于参加访谈的受访者数量比较少，访谈结果可能与受访者本身存在一定的关系。

二、访谈设计

通过新浪微博的口碑文本无法反映出社交网络情境的特点，为此本研究增加了焦点小组访谈的环节来探讨社交网络情境对口碑生成的影响。本环节共招募了21名本科生和研究生，随机分为三组进行了焦点小组访谈。讨论地点选择了可移动座椅的教室或专业讨论室，从而使被访者围成一个圆形而实现多人的面对面讨论。每组共有7人参与讨论，讨论时间大约1小时，此外每组还配有1名主持人。讨论围绕着"什么因素会促使消费者在社交网络中分享口碑"和"在社交网络中分享口碑和在其他情境中分享口碑会存在什么差别"这两个核心问题展开。主持人的作用在于介绍口碑生成的概念和讨论的范围，引发话题和有针对性地追问，控制讨论内容围绕核心问题展开等。整个访谈和讨论的过程会进行录音。根据访谈录音，共整理出160条有效的访谈文本。首先，针对第一个问题得到的访谈文本进一步验证了图3.2模型的饱和度。其次，根据第二个问题得到的访谈文本总结出社交网络情境下口碑生成的特点，如表3.5所示。

三、主要结论

根据访谈文本总结出社交网络情境下口碑生成的特点，如表3.6所示。由于篇幅所限，每一种口碑特点仅展示出两条访谈文本示例。

表3.6 社交网络情境下口碑生成的特点

分类	口碑特点	访谈文本示例
口碑内容的特点	特点一：语义与图片等多种形式	"没有图片的展示效果不好。分享的时候有照片更容易让人产生共鸣，有更强的代入感。" "两个人聊天的时候没法展示图片，而网络上的口碑分享可以附上图片，甚至是视频。"
	特点二：口碑信息凝练	"在社交网络上发信息，描述的用语会调整，而且是高度概括的。不可能面面俱到，而是要有针对性的。" "平时发帖子的时候，都会反复凝练自己要发的话，防止自己留给别人不好的印象。"
	特点三：口碑对象广泛	"有些东西会在生活中跟别人聊，有些就不值得去聊。但是，在社交网络上你就可以晒所有的东西，包括生活中不会聊的东西。" "聊天的时候对象是很明确的，而在社交网络上发信息时对象就不那么明确，可能会有很多人看到你发的信息。"
口碑生成的过程	特点四：受即时情绪影响	"有些即兴的东西，必须在情绪被调动起来的那一刻，我会发口碑。一旦过了这个时候，情绪没了，也就不愿意再跟别人聊了。" "有时候，玩得特别开心就很想发个朋友圈什么的，但是要是当时没发，过后也就没有那样的想法了。感觉分享有时候就是一时冲动的结果。"
	特点五：无时间和地点限制	"在线下，你必须确保周围有认识的朋友，他/她要对你想发的东西感兴趣，还得有时间，你才可能把口碑分享给他。在社交网络你就可以不必受到这些限制了。" "你高兴或兴奋的时候，周围不一定有人愿意分享你的这种喜悦，总不能随便拉来一个人去聊天吧。但是，社交网络不一样，你可以随时随地地分享，也不必在意谁会看到，谁会去回应你。你只要自己开心就好。"
口碑生成之后的影响	特点六：可以仅以展示而不互动	"社交网络可以是仅仅展示，并不一定要和别人沟通。社交网络情境下，信息可以是单向的。面对面情境下，信息需要双向沟通。" "在线下互动的时候，两个人要是不互动会很尴尬，而在社交网络上你就可以假装没看到，这样谁也不会尴尬。"

续表

分类	口碑特点	访谈文本示例
口碑生成之后的影响	特点七：找到更多的共鸣者	"在社交网络上你能快速找到能get你的点的人，在生活中不一定能碰到这种人。社交网络的覆盖面大，可以短时间内快速聚集到和我有共鸣的人。" "生活中哪里有这么多与你志同道合的人？但是，在社交网络中我们可以去找到感兴趣的群组，在那里会有很多与自己有共鸣的人，大家就可以在一起聊得很开心。"
	特点八：受众更广和传播更快	"短时间内可以得到更大范围的和快速的传播，不管是哪里的人，只要看朋友圈就都会知道，都可以评论。一下子就联系起来了。" "面对面聊天时，信息只能从一个人传递向另外一个人，速度比较慢。在社交网络中，就可以实现一对多的快速传播。"

资料来源：笔者整理。

根据访谈结果可知，社交网络情境下口碑生成的特殊性主要体现在口碑内容的特点（语义与图片共存、信息凝练、口碑对象广泛）、口碑生成的过程（受即时情绪影响，无时间和地点限制）、口碑生成之后的影响（可以仅展示而不互动，找到更多的共鸣者，受众更广和传播更快）方面的差异。根据访谈结果，研究将图3.2理论模型中增补了"图片展示"这一口碑呈现方式。基于上述社交网络情境下口碑生成的特点，本研究进一步探讨了图3.2理论模型在社交网络中的情境适用性。

（1）消费情境。情感性消费情境（如赠礼）更适用于社交网络，因为赠礼相关的消费不太容易引发互动沟通，分享口碑可能仅仅是为了展示，而线下口碑需要满足人们的互动交流（特点六）。初始性消费情境中，"初次体验"在各类情境中都容易引发口碑，而"新得情境"主要出现在社交网络中，因为"新得"让消费者产生了即时情绪，过了这一时间段，消费者就缺乏口碑分享的欲望了（特点四）。稀缺性消费情境在各类情境中都适用，但是受众广且更容易传播的特点使得社交网络中的口碑生成更多（特点八）。过程性消费情境与"新得情境"类似，也是即时情绪在社交网络中诱发了更多的口碑（特点四）。

（2）产品/服务属性。产品/服务的趣味性、独特性、昂贵性、情感性在各类情境中都容易引发口碑，只是在社交网络中口碑生成的可能性更大，因为社交网络情境中的共鸣者更多、受众广且更容易传播（特点七、特点八）。产品的趣味性、独特性、昂贵性、拟人化或与名人相联系，有时必须借助图片才能展示出来，所以在社交网络中更容易生成口碑（特点一）。另外，对于一些具有特定属性的产品，消费者可能只是想要展示产品而不是与别人谈论产品（特点三、特点六）。在展示产品的过程中，实现印象管理、改善情绪或加强社会联系等目的。

（3）情绪。根据图3.2，影响口碑生成的情绪包括积极自我意识情绪、高唤起积极情绪、中等唤起积极情绪。在这些情绪状态下，消费者容易生成相关产品或服务的口碑，但是情绪状态往往不能持续。在线下情境中，消费者只能在情绪产生的较为短暂的时间里与身边的少数人沟通，而无法分享给更多人。一旦情绪消失了，就很难再引发口碑。但是，社交网络平台使消费者可以在即时情绪的影响下快速实现口碑生成（特点四），并且将口碑传播给更多的人（特点八）。

（4）产品/服务满意。在各类情境下，满意都可以引发更多的口碑生成。但在社交网络中，消费者可以以更快的速度将口碑传播给更多的人（特点八）。而且当消费者处于积极情绪状态时，容易引发更高的满意度，从而生成更多口碑（特点四）。

此外，特点二指出社交网络中的口碑具有信息凝练的特点，该特点并没有使上述因素对口碑生成的影响产生促进或抑制作用。特点五指出社交网络中口碑的生成可以不受时间和地点限制，该特点使上述所有因素对口碑生成的影响全都产生了促进作用。

总而言之，社交网络情境下的口碑信息在内容上更加凝练，在形式上更加多样化，包含语义、图片甚至是视频、音频。口碑对象也更加广泛，涉及更多的产品或服务类别。人们在社交网络中可以仅展示产品而不一定要与他人互动交流，这说明社交网络同时具备信息传播的单向性与互动性。在线下口碑中，人们更多地考虑信息受众对谈论内容的反应，从而能够降低对很多产品或服务的谈论意愿。社交网络中口碑信息的受众范围较广、传播速度快，从而帮助人们快速地寻找到具有共鸣的消费者，更容易实现口碑生成的社会交互动机等。另外，消费者在很多时候会受到即时情绪的驱动而促进口碑生成，这与研究模型（见图 3.2）的发现是一致的。当特定情绪出现时，在社交网络上分享口碑成为人们抒发情绪的重要渠道，消费者无须受时间或地点的限制，可以立刻表达自己对产品的看法和感受，相比于线下情境具有较强的易达性。上述特点使得社交网络情境中的消费者口碑生成远多于线下情境。

第三节　本章小结

本章对社交网络情境中消费者口碑生成的影响因素进行了全面而系统的考察。主要发现包括：第一，特定消费情境（情感性、初始性、稀缺性和过程性）会促进口碑生成；第二，特定产品/服务属性（趣味性、独特性、昂贵性和情感性）会促进口碑生成；第三，特定情绪（高唤起或中等唤起的积极情绪、积极的自我意识情绪）会促进口碑生成；第四，消费者对产品/服务的满意会促进口碑生成；第五，客观因素（特定消费情境、特定产品/服务属性）可能会通过影响主观因素（情绪、产品/服务满意）促进口碑生成；第六，特定情绪会通过影响消费者对产品/服务的满意促进口碑生成。此外，本章还发现，相比于线下的面对面情境，社交网络情境对口碑生成具有明显的促进作用。

第四章 社交网络情境下稀缺性对消费者口碑生成的影响

本章主要探讨社交网络情境下产品或服务的稀缺性对消费者口碑生成的影响。已有关于稀缺性对消费者反应影响的研究多关注于稀缺性带来的积极效应,然而,稀缺性也存在抑制人们传播口碑的可能性。鉴于稀缺性对消费者口碑的影响存在潜在的相反的作用力,本章将通过一个预测试和三个实验研究,探讨稀缺性在什么情况下以及为什么会对消费者在社交网络情境下的口碑生成产生积极或消极作用。

第一节 假设的提出

一、稀缺性对消费者口碑的积极影响

稀缺效应具有很强的社会影响力,因此经常被营销者用于促进消费者对产品或服务的积极反应。根据以往文献,稀缺性可能由两种因素引发:低供给或高需求(Verhallen and Robben, 1994; Gierl, Plantsch and Schweidler, 2008)。源于需求的稀缺会在供给量无法满足市场需求时增加,而源于供给的稀缺会在卖方限制

产品对顾客的可得数量时出现（Ku, Kuo, Yang and Chung, 2013）。产品限量版就是低供给稀缺的一种表现。在实际生活中，两类稀缺性常会同时出现，即稀缺性既包含供给方的限量供应，又包含需求方的较强购买意愿。虽然两类稀缺性都可以提高人们对产品的拥有欲，但是却会对产品产生不同的推断过程。一般来说，消费者认为源于高需求的稀缺性是产品具有高质量的一种信号，而源于低供给的稀缺性更可能被视为是一种独特性信号和地位信号（Gierl and Huettl, 2010；Parker and Lehmann, 2011）。本章旨在探讨源于供给方的稀缺性对消费者口碑意愿的影响。

　　印象管理是消费者传播社交口碑的一种重要的心理动机。印象管理是指人们设法让别人用自己期望的方式来看待自己而进行的尝试（Ham and Vonk, 2011）。消费者在社交网络中分享信息的公开性特点增加了印象管理目标的重要性（Oh and Larose, 2016）。分享口碑可以帮助人们提升别人对他们的印象，积极管理自己营造的形象（Berger, 2014；Berger and Milkman, 2012）。人们倾向于分享那些能帮助自己建立积极社会形象的话题（Barasch and Berger, 2014；Mangold and Faulds, 2009）。消费者通过告诉别人自己的消费经历或消费体验，可以引起他人注意、获得认同感，并展示自身的鉴别力和优越感，为自己塑造一个精明的消费者形象，从而达到自我提升的目的（East, Hammond and Wright, 2007）。分享某些积极和成功体验的口碑可以像指示器或信号一样反映消费者的专业性（Wojnicki and Godes, 2017）。通过分享特定产品或服务的口碑，人们可以展示自己积极的一面从而留给他人关于自己的积极印象。

　　产品和品牌具有消费者自我的社会展示价值，能够带来身份价值和尊重价值。有研究发现，人们传播奢侈酒店正面口碑的意愿受到地位需求动机的影响（Diehl, Shpot and Prudnikov, 2013）。人们所拥有或使用的产品在一定程度上会传递给他人"我是谁"的身份信号。相比于低稀缺性产品，高稀缺性产品更可能具备身份信号的价值。拥有稀缺的事物会让人们产生炫耀自己的动机。感知稀缺性会激发人们被嫉妒和被尊重的感觉，拥有该属性的产品可以被视为炫耀性消费产品（Gierl and Huettl, 2010）。拥有稀缺的产品或者获得了别人较难获得的购买机会，会让人产生优越感。炫耀性消费注重视觉展示或在他人面前公然地使用产品（O'Cass and McEwen，2004）。由于在社交网络中分享口碑是提高产品或服务公共可视性的一种方式，人们更倾向于炫耀自己拥有的高稀缺性事物而不是低稀缺性事物。在获得型印象管理动机影响下，产品稀缺性正向影响了消费者在社交网络中分享口碑的意愿。

社会联系也是消费者分享口碑的动机之一（Berger，2014）。消费者可能并非想要通过口碑来管理自己留给他人的印象，而是为了满足社会联系的需求。社会联系是指人们对社交关联和与其他人保持联系的一般性需求（Berger，2014）。交流关于自己或与自己有关的事物的信息是人类的一种天性和普遍存在的行为（Moore，2012）。在社交网络中分享口碑可以帮助消费者增强活跃度和存在感。人类对社会关系具有基本的需求，人际交流可以满足人类的这种需求（Hennig-Thurau et al.，2004）。人们购买产品或消费的体验可以作为一种话题来引发人与人之间的互动交流。具有较强稀缺性的产品显然比一般产品更容易引发人们的讨论。会话价值（Conversational Value）是指消费者在社会交互中讨论一次消费的可能性（Bastos and Brucks，2017）。相比于稀缺性较弱的产品，那些稀缺性较强的产品具有更高的会话价值，从而使消费者通过分享这类产品的口碑引发人际互动，用以满足个人社会联系的需求。因此，产品会话价值可以在一定程度上解释产品稀缺性对消费者在社交网络中口碑分享意愿的影响。

二、稀缺性对消费者口碑的潜在消极影响

印象管理使得人们为了使自己看上去更好而谈论了一些事物，但是印象管理同样可能驱使人们为了避免坏印象而避免谈论某些事物（Berger，2014）。根据印象管理的动机是渴望被积极看待还是避免被消极看待，可以把印象管理分为获得型印象管理（Assertive IM）和保护型印象管理（Protective IM）（Kacmar，Delery and Ferris，1992）。在保护型印象管理动机下，人们会更关注避免传播稀缺事物的口碑以防止可能出现的坏结果。当人们考虑到口碑受众可能会做出消极推断的时候，就会减少在口碑行为中的获取型自我展示。例如，人们经常会避免通过分享自己的成就来进行直接的自我表扬（Speer，2012）。消费者选择与其他人探讨的事物会在一定程度上存在社交风险和社交收益（De Angelis et al.，2012）。

在社交网络中分享高稀缺性事物的口碑可能被视为一种炫耀行为而被一些消费者避免。人们喜欢寻求非同寻常的体验（如品尝稀有的红酒、去异国度假、飞机跳伞），但是这些与同伴不同的非凡体验却具有潜在的消极社交影响。相比于普通的体验，非凡的体验会使人们受到社会排斥（Cooney, Gilbert and Wilson, 2014）。社会心理学领域的研究发现，人们总是嫉妒和愤恨那些有着非凡经历的人（Smith and Kim, 2007）。人们会觉得自己与这些人没法交流。当人们相互交流时，通常会讨论那些他们具有共同点的事物（Gigone and Hastie, 1993）。在社交网络中分享口碑是消费者创造与其他人交流机会的一种方式，所发布的内容可能会由于稀缺性而疏离了与其他人的关系，抑制了其他人与发帖者交流的意愿。因而，消费者传播稀缺产品或服务的口碑具有社会成本。为了避免给他人留下消极印象（如炫耀、不谦和、距离感），一些消费者会在特定情境下避免传播这类产品的口碑。

综合以上关于稀缺性对消费者口碑的积极影响与潜在消极影响，本研究认为虽然产品稀缺性对消费者口碑具有潜在的消极影响，但是合并之后的影响依旧是积极的。据此，本研究提出了以下假设：

H1：产品稀缺性正向影响了消费者在社交网络中的口碑生成意愿。

H2：相比低稀缺性产品，消费者更倾向于在社交网络中分享高稀缺性产品的口碑，这是因为高稀缺性产品更可能帮助消费者创造留给他人的积极印象。同时，相比于低稀缺性产品，那些高稀缺性产品是更值得谈论的话题。换言之，获得型印象管理（a）和产品会话价值（b）共同中介了产品稀缺性对消费者口碑意愿的影响。

三、面对人际网络的产品社会可视性的调节作用

社会可视性是一种消费情境，关于社会可视性的研究涉及了人们购买或募捐等活动的场所的社会可视性（Roy, Rabbanee and Sharma, 2016；Andreoni and

Petrie，2004)、服务的社会可视性（Thurlow and Jaworski，2013)、产品的社会可视性（Belk，1999；Sharma，2011)。可视性在沟通过程中起到了非常重要的作用（Berger and Ward，2010)。一些产品常会在公共场合被消费或使用，具有更强的社会可视性，而另一些产品则通常被人们在私下使用（Belk，1999)。在本研究中，社会可视性是指产品的消费或使用过程对人际网络是否可视，而不是简单地对其他人（如陌生人）是否可视。人际网络中的其他人是指那些与分享者相互认识或有过一定社会交互的人。在人际网络中能被越多的人看到的产品，它面对人际网络的社会可视性越高。社会可视性会对消费者支付意愿产生直接的和间接的影响（Roy，Rabbanee and Sharma，2016)。购买和使用具有高社会可视性的昂贵产品可以证明一个人经济上的成功，从而帮助人们去获取面子和社会地位（Sharma，2011)。例如，当一位消费者购买了一件阿玛尼衬衫时就会希望别人知道，但是如果他在沃尔玛购买了一件便宜的衬衫就不会广而告之（Berger and Ward，2010)。可见，稀缺性较强的产品有时可以通过口碑的方式提高社会可视性，从而增加消费者效用。Yang和Mattila（2013）研究发现，相比于地位需求（Need for Status）较低者，那些地位需求较高者更愿意谈论奢侈性产品的购买；但是，对于奢侈性酒店的消费，两类消费者都具有很强的积极口碑分享意愿。从整体人群来看，奢侈性酒店会比奢侈性实体产品拥有更高的口碑分享频率，因为奢侈性酒店比奢侈性产品具有更低的面对人际网络的社会可视性。

当感知稀缺性较强的产品拥有过高的社会可视性时，可能会为消费者所避免。Berger和Ward（2010）从销售太阳镜的网站中收集了120种太阳镜的信息，发现价格适中的太阳镜的品牌标识是最明显的，而价格较低和价格较高的太阳镜的品牌标识都不明显。对于昂贵的太阳镜，如果配上高可视性的品牌标识，反而容易被消费者认为是过于炫耀的。可见，消费者并不希望稀缺性较强的产品拥有过高的社会可视性。本研究认为，稀缺产品的社会可视性对消费者感知效用可能会起到倒"U"形的影响效应。口碑分享是增加事物社会可视性的一种很好的方式。在事物的社会可视性程度较低时通过口碑分享进一步增加可视性可以提高感知效用；但是事物的社会可视性程度较高时通过口碑分享进一步增加可视性反而会降低感知效用。

稀缺产品的社会可视性对消费者感知效用影响的倒"U"形函数的出现，主要源于两种相反的作用机制：一是可视性提高带来自我表露、象征性价值等正效用；二是可视性提高同时伴随着潜在的社交成本等负效用，如被他人嫉妒和愤恨，如图4.1所示。第一种作用机制是正向的，在可视性增加的初始阶段，随着可视性的提高，正向效用会快速增加，但是达到一定程度后就趋于平稳不再改变；第二种作用机制是负向的，在可视性增加的初始阶段，负向效用增加极其缓慢，但是达到一定程度后，随着可视性的提高，负向效应会快速增加。两种相反的作用力中和之后就形成了倒"U"形效用函数。因此，对于高社会可视性的稀缺产品（如皮包、手表），人们可以在日常消费和使用的过程中获得面子和社会地位，如果再分享口碑反而显得过于炫耀，因而就降低了人们使用社交网络去展示产品的需求和意愿。对于低社会可视性的稀缺产品（如家居用品、餐饮），人们在日常生活中无法向人际网络中的其他人展示以获得自我提升，此时社交网络平台成为展示产品/服务的良好信息渠道，消费者可以通过传播稀缺产品/服务口碑的方式来获得其象征性价值。

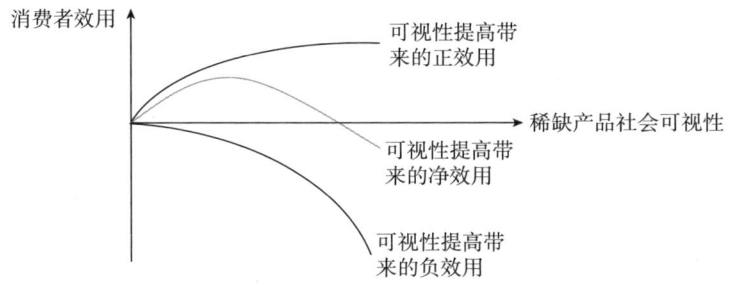

图4.1 稀缺产品社会可视性对消费者效用的倒"U"形影响函数

资料来源：笔者整理。

可见，过度展示只会出现在高稀缺产品上，而不包括那些低稀缺产品。在高社会可视性情境下，相比于低稀缺产品，高稀缺产品更容易激活消费者的保护型印象管理动机，从而发挥出稀缺性对口碑影响的消极一面。因而，产品的面对人际网络的社会可视性调节了产品稀缺性对口碑意愿的影响，产品社会可视性的增加会减弱产品稀缺性对口碑分享意愿的正向影响。据此，本研究提出以下假设：

H3：产品的面对人际网络的社会可视性会调节产品稀缺性对消费者在社交网络上的口碑分享意愿的影响。相比于社会可视性较低时，当社会可视性较高时，产品稀缺性对消费者口碑分享意愿的正向影响被减弱。

四、消费者自我建构类型的调节作用

自我建构反映了人们对自我持有的不同观点（Agrawal and Maheswaran，2005；Markus and Kitayama，1991）。独立型自我建构者将自己看作与他人相分离的独立实体，而依存型自我建构者将自己与群体相联系，把自己置于社会关系网络中。不同自我建构的个体在传播口碑的动机、信息处理方式等方面存在很多差异。例如，独立型自我建构的消费者更多地出于自我提升等与自身相关的动机而传播口碑，而依存型自我建构的消费者更多地出于帮助他人等与他人相关的动机而传播口碑（Zhang，2004）。独立型自我建构的消费者更多地表现出信息发布行为，而依存型自我建构的消费者更多地表现出信息搜索行为（Fong and Burton，2008）。

自我建构会影响调节目标，从而指导人们在接下来的任务中是关注积极还是消极的信息（Idson，Liberman and Higgins，2000）。独立型自我建构的个体更关注趋利型信息，而依存型自我建构的个体更关注避害型信息（Lee，Aaker and Gardner，2000）。高稀缺性产品帮助独立型自我建构的消费者塑造独特的自我形象，分享口碑可以使他们感知到自我提升，从而激发了他们的社交口碑分享意愿。依存型自我建构的消费者以与他人相联系的方式定义自己，他们的决策会反映出想要与他人和谐一致，他们追求获得良好的人际关系（Markus and Kitayama，1991）。依存型自我建构的消费者认为，分享稀缺产品的口碑不仅不能创造自己与他人之间的联系，还可能会疏远自己与他人之间的关系，认为这样是过于炫耀，因而降低了对稀缺产品在社交网络上的口碑分享意愿。

独立型自我建构的消费者则更易受到获得型印象管理动机的影响而更关注于

稀缺性的积极社交影响，而依存型自我建构的消费者则更易受到保护型印象管理动机的影响而更关注于稀缺性的消极社交影响。可见，稀缺产品的社会可视性对消费者感知效用影响的倒"U"形效用函数更倾向于出现在依存型自我建构的消费者中。对于那些社会可视性较高的产品，产品感知稀缺性对消费者口碑分享意愿的正向影响被减弱，当消费者属于依存型自我建构（相比于独立型自我建构）时，产品稀缺性对口碑影响的潜在消极影响会被扩大。依存型自我建构的消费者会更加担心稀缺性所暗含的潜在社交成本，此时保护型印象管理动机会被激活，从而有效抑制了消费者对产品的口碑分享意愿。相对而言，对于依存型自我建构的消费者，反而更喜欢分享感知稀缺性较低的产品的口碑，传播这类产品的口碑是他们建立社会联系和加强人际关系的一种方式。因此，对于依存型自我建构的消费者（相比于独立型自我建构的消费者），产品社会可视性在感知稀缺性影响消费者口碑意愿的过程中的调节效应会更强。据此，提出以下研究假设：

H4：对于社会可视性较高的产品，产品稀缺性负向影响了依存型自我建构的消费者在社交网络中分享口碑的意愿。其中，保护型印象管理动机起到了中介作用。

H5：产品社会可视性在稀缺性影响消费者口碑意愿的过程中的调节效应受到了消费者自我建构类型的影响。相比于独立型自我建构的消费者，对于依存型自我建构的消费者，产品社会可视性的调节效应更强。

根据上述研究假设，可以得到如下研究模型，如图4.2所示。

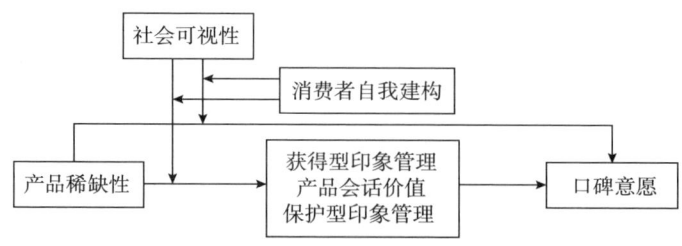

图4.2 研究模型一：产品稀缺性对消费者口碑意愿的影响机制

资料来源：笔者整理。

第二节 实证研究方法

一、预实验

在假设的理论推导过程中,本研究提出了稀缺产品的社会可视性对消费者感知效用起到了倒"U"形影响的观点。为了证实该观点,本节设计了一项预实验。在该实验中,招募了36名本科生和研究生,平均年龄为22.417岁(SD = 2.103)。呈现给每名被试三种不同情境,即社会可视性低、中、高三种情境。首先,告知被试根据情境回答问题,并且答案没有对错之分。在低社会可视性的情境中,被试阅读到"你买了一双限量版的耐克运动鞋,你买来之后只穿过一次";在中等社会可视性的情境中,被试阅读到"你买了一双限量版的耐克运动鞋,你最近每天上课都会穿着它";在高社会可视性的情境中,被试阅读到"你买了一双限量版的耐克运动鞋,你最近每天上课都会穿着它。除此之外,你还在微信朋友圈中给该运动鞋晒了图"。然后,对每种情境中产品的社会可视性进行了操纵检查,被试将评价题项"请问你觉得会有多少认识的朋友注意到你拥有了这双限量版的运动鞋"(采用Likert 7分量表,1=几乎没有人会注意到,7=会有很多人注意到)。接下来,测量在特定社会可视性的情况下稀缺产品展示的潜在社交影响,被试将评价题项"你觉得'只穿过一次'('最近每天上课都会穿着这双鞋'/'最近每天上课都会穿着这双鞋'和'在微信朋友圈晒了它的照片')这样的行为会对你和朋友的社交关系产生什么样的影响"(采用Likert 7分量表,1=很可能会产生消极的影响,7=很可能会产生积极的影响)。最后,测量了被试的性别和年龄。

①进行自变量社会可视性的操纵检查。结果显示,中等社会可视性组比低社会可视性组更容易被别人注意到($M_{低}$ = 3.139 < $M_{中}$ = 4.722,t = -7.095,p <

0.001），高社会可视性组比中等社会可视性组更容易被别人注意到（$M_{中}$ = 4.722 < $M_{高}$ = 6.167，t = 4.826，p < 0.001）。②对比低社会可视性与中等社会可视性。结果显示，中等社会可视性组比低社会可视性组产生了更积极的社交影响（$M_{低}$ = 4.139 < $M_{中}$ = 5.111，t = −6.412，p < 0.001）。③对比中等社会可视性与高社会可视性。结果显示，高社会可视性组比中等社会可视性组产生了更消极的社交影响（$M_{高}$ = 4.056 < $M_{中}$ = 5.111，t = 3.481，p = 0.001）。由上述结果可知，随着社会可视性的增加，消费者对稀缺产品的展示产生了不同方向的潜在社交影响的感知。在社交网络上分享口碑是增加产品社会可视性的一种方式。在社会可视性较低的情况下，社会可视性的增加可以使消费者产生更积极的感知社交影响；而在社会可视性较高的情况下，社会可视性的增加反而使消费者产生了更消极的感知社交影响。④本研究用中等社会可视性组的社交影响取值减去高社会可视性组的社交影响取值，该差值为正表示该被试认为过高的社会可视性造成了潜在的消极社交影响，而如果该差值为零或负表示没有造成消极社交影响。结果显示，65.6%的被试认为过高的社会可视性造成了消极社交影响，而44.4%的被试不这样认为。该预实验证实了，稀缺产品过高的社会可视性存在消极影响人们社交关系的可能性，但是并不是所有消费者都会产生这样的认知。

二、实验一

1. 研究设计与变量测量

实验一为2（产品稀缺性：高 vs. 低）×2（社会可视性：高 vs. 低）组间实验设计。北方某综合性大学195名本科生参加了此次实验，其中男性72人，平均年龄20.872岁（SD = 0.792）。被试被随机分为四组，每组被试只会阅读到一段封面故事。封面故事中操纵了产品稀缺性和社会可视性。本研究认为，在面对人际网络的社会可视性方面，服务体验比实体产品的可视性更低。经过前测实验，与主实验同质的20名被试认为餐馆比手表的面对人际网络社会可视性更低（$M_{餐馆}$ = 2.100 < $M_{手表}$ = 3.500，t = −4.273，p < 0.001），测量题项为"如果不在社交网络中晒照片，像手表这类产品（去餐馆吃饭这类服务）是否会被很多认识

的朋友看到"（采用 Likert 7 分量表，1＝会被很少认识的朋友看到，7＝会被很多认识的朋友看到）。因此，主实验中用刺激物"手表"代表高社会可视性产品，而刺激物"餐馆"代表低社会可视性产品。此外，在前测实验中，被试还回答了"如果一个人在社交网络中给手表（餐馆吃饭）晒照片，像手表这类产品（去餐馆吃饭这类服务）是否会被很多认识的朋友看到"（采用 Likert 7 分量表，1＝会被很少认识的朋友看到，7＝会被很多认识的朋友看到）。结果显示，产品/服务在社交网络中的口碑分享行为可以增加产品/服务的社会可视性（手表：$M_{晒}=5.800>M_{不晒}=3.500$，$t=9.114$，$p<0.001$；餐馆：$M_{晒}=5.500>M_{不晒}=2.100$，$t=13.800$，$p<0.001$）。其中，手表可视性的提升程度不如餐馆社会可视性的提升程度高（$\Delta_{手表}=2.300<\Delta_{餐馆}=3.400$，$t=-3.584$，$p=0.002$）。

在主实验中，关于手表的封面故事以及稀缺性的操纵借鉴了 Lee 和 Seidle（2012）的研究。在高社会可视性组中，被试将阅读到以下有关手表的介绍"这款手表是在 2017 年 iF 设计大赛上被介绍过的产品。该手表是一款精确度极高的自动计时手表，更拥有 COSC 瑞士官方天文台认证，与其精美的工艺设计相得益彰"。在稀缺组中，主试将告知被试"该款手表是独家专供的全球限量版，佩戴它足以彰显您的与众不同，库存有限，欲购从速"，而在控制组中，主试将告诉被试"这款手表是最新款，佩戴它绝对切合流行风潮，库存充裕，欢迎选购"。然后，告诉被试"您购买了该款手表后，对它非常满意和喜欢"。在低社会可视性组中，被试将阅读到以下餐馆的介绍"这家餐馆曾经在当地电视台的美食节目中被介绍过。该餐馆环境优雅，菜品选用的都是最新鲜的食材，服务态度很好"。在稀缺组中，主试将告知被试"这家餐馆的很多特色菜品都是限量供应的，必须提前三天预约"，而在控制组中，主试将告诉被试"该家餐馆的很多特色菜品都非常受欢迎，供应量十分充足"。然后，告诉被试"您去该餐馆品尝了一系列特色菜品，对这些菜品都非常满意和喜欢"。

接下来，测量因变量社交口碑意愿，量表借鉴了 Heath（1996）的研究，具体题项包括"我会在社交网络上发布该手表/餐馆相关的信息""我在社交网络上发布该手表/餐馆相关信息的可能性很大""我在社交网络上发布该手表/餐馆相关信息的意愿很强"（采用 Likert 7 分量表，1＝非常不同意，7＝非常同意）。在问卷中对社交网络进行了注解"如微信朋友圈、微博、QQ 空间、Facebook、Twitter 等"。产品或服务的稀缺性的操纵检查包括，"我认为该手表/餐馆提供的菜品是：1＝不稀缺的，7＝稀缺的"（Lee and Seidle，2012）。最后，测量了被试的性别和年龄。

2. 结果与分析

首先，进行稀缺性的操纵检查。结果显示，高稀缺组的感知稀缺性明显高于低稀缺组（$M_{高稀缺}$＝5.521＞$M_{低稀缺}$＝3.626，$F(1, 193)$＝188.487，$p<0.001$）。可见，自变量产品稀缺性的操纵是有效的。口碑意愿量表的信度检验显示，Cronbach's α 系数为 0.935，达到可接受标准。

其次，检验产品稀缺性对口碑意愿的主效应。单因素方差分析显示，稀缺性对口碑意愿产生了显著的正向影响（$F(1, 193)$＝12.558，$p<0.001$）。高稀缺组的口碑意愿（M＝4.483，SD＝1.452）明显高于低稀缺组（M＝3.774，SD＝1.338）。H1 得到了验证，产品稀缺性正向影响了消费者在社交网络中的口碑意愿。

最后，检验社会可视性在稀缺性影响口碑意愿过程中的调节效应。以稀缺性和社会可视性为自变量，口碑意愿为因变量，进行两因素方差分析。结果显示，稀缺性对口碑意愿的正向影响是显著的（$F(1, 191)$＝17.349，$p<0.001$），社会可视性对口碑意愿的负向影响是显著的（$F(1, 191)$＝79.673，$p<0.001$），稀缺性与社会可视性的交互项对口碑意愿的影响也是显著的（$F(1, 191)$＝4.285，$p=0.04<0.05$）。对于高社会可视性的产品，稀缺性对口碑意愿的影响并不显著（$M_{高稀缺}$＝3.522，$M_{低稀缺}$＝3.170，$F(1, 91)$＝1.665，$p>0.1$）；对于低社会可视性的产品，稀缺性对口碑意愿的影响非常显著（$M_{高稀缺}$＝5.367，$M_{低稀缺}$＝4.321，$F(1, 100)$＝26.698，$p<0.001$）。H3 得到了验证，社会可视性调节了稀缺性对口碑意愿的影响。相比于社会可视性较低的情况，当社会可视性较高时，产品稀缺性对消费者口碑意愿的正向影响被减弱。

实验一存在一个潜在问题：手表属于实体类产品，而餐馆属于服务类产品。

有没有可能是产品类型而不是社会可视性起到了调节作用？为了排除产品类型（实体 vs. 服务）存在的潜在影响，在实验二中使用两种实体产品作为实验刺激物。

三、实验二

1. 研究设计与变量测量

实验二为 2（产品稀缺性：高 vs. 低）×2（社会可视性：高 vs. 低）组间实验设计。本实验通过某知名调查问卷网站实施，共有 203 名普通消费者参加了此次实验，其中男性 106 人（占 52.217%），年龄分布为 18~25 岁占 9.852%，26~30 岁占 29.064%，31~40 岁占 42.365%，41~50 岁占 13.300%，51~60 岁占 5.419%。根据产品稀缺性和社会可视性，被试被随机分为四组。为了避免产品类型（实体/服务）对研究结果的潜在影响，本实验中选择的刺激物都属于实体产品。在预测试中，共招募了 20 名本科生，首先向他们介绍社会可视性的概念，然后让他们在纸上列举出 20 件实体产品，其中 10 件产品为社会可视性较高的产品，10 件为社会可视性较低的产品。最后，从学生所列举出的高社会可视性的产品中选择了"皮包"作为实验刺激物，而在低社会可视性的产品中选择"家居装饰花瓶"为另一种实验刺激物。

在主实验中，首先要求被试阅读封面故事并想象自己是封面故事中的主人公。低社会可视性组的被试将阅读到一段关于家居装饰花瓶的封面故事"我在市内一家家居商场里（在意大利旅行时）购买了一款名为'弗里格'的家居装饰花瓶，据说该花瓶是由企业批量生产的（由能工巧匠吹制而成），产量非常大（小），很多家庭都购买过类似的花瓶（很少有家庭购买过类似的花瓶）。这款花瓶很具设计感，造型简约大方，与居室环境搭配起来浑然一体，塑造了家居环境的意境美"。而在高社会可视性组的被试将阅读到一段关于皮包的封面故事"我在市内一家商场里（在意大利旅行时）购买了一款名为'弗里格'的皮包，据说该皮包是由企业批量生产的（由能工巧匠手工缝制而成），产量非常大（小），很多人都购买过类似的皮包（很少有人购买过类似的皮包）。这款皮包将时尚感与功能性融为一体，产品设计不拘一格而颇具美感，所选用的皮质超级优质且耐用"。括号中的信息为高稀缺性组被试看到的内容。要求被试根据故事中的信息回答后面的问题。

其次，测量了因变量口碑意愿，量表与实验一相同。中介变量获得型印象管理的测量借鉴 Wolfe、Lennox 和 Cutler（1986）以及 Korn 和 Maggs（2004）的研究，题项为"我认为在社交网络上分享该产品相关的信息，有助于留给他人积极的印象""对我来说，得到分享该产品相关的信息带来的正面影响是一件重要的事情"（采用 Likert 7 分量表，1＝非常不同意，7＝非常同意）。会话价值的测量题项为"我想和别人讨论这件产品""这件产品是一个很好的讨论话题"（采用 Likert 7 分量表，1＝非常不同意，7＝非常同意）（Bastos and Brucks，2017）。

再次，进行自变量的操纵检查。社会可视性的操纵检查包括三个测量题项"我对该产品的大部分使用时间是在：1＝在家，7＝外出；1＝单独，7＝与他人一起；1＝私下场合，7＝公开场合"（使用 Likert 7 分量表）（Sharma，2011）。稀缺性的操纵检查包括"我认为该产品是：1＝不稀缺的，7＝稀缺的"（Lee and Seidle，2012）。

最后，测量了被试的性别和年龄段。

2. 结果与分析

首先，进行自变量的操纵检查和量表的信度分析。结果显示，高社会可视性组的感知社会可视性明显高于低社会可视性组（$M_{高可视}=5.242>M_{低可视}=3.625$，$F(1,201)=61.678$，$p<0.001$），高稀缺组的感知稀缺性明显高于低稀缺组（$M_{高稀缺}=5.933>M_{低稀缺}=3.020$，$F(1,201)=171.364$，$p<0.001$）。可见，自变量的操纵是有效的。信度检验显示，各量表的 Cronbach's α 系数分别是口碑意愿 0.947，获得型印象管理 0.825，会话价值 0.876，均达到可接受标准。

其次，检验稀缺性对口碑意愿影响的主效应以及获得型印象管理和产品会话价值的中介作用。单因素方差分析显示，稀缺性对口碑意愿产生了显著的正向影响（$F(1,201)=19.806$，$p<0.001$）。高稀缺组的口碑意愿（$M=5.375$，$SD=1.219$）明显高于低稀缺组（$M=4.473$，$SD=1.649$）。H1 再次得到验证。然后，

以稀缺性为自变量，以获得型印象管理和会话价值为两个并列中介，以口碑意愿为因变量，利用 SPSS 软件的 Bootstrap 插件（Multiple Mediation Procedure）进行多重中介效应检验。自变量到因变量的直接效应和间接效应的标准差通过 Bias-corrected Bootstrap 方法（5000 次）进行估计（Preacher，Rucker and Hayes，2007）。Bootstrap 给出了中介检验的结果，从而得到相应的路径系数（如图 4.3 所示）。自变量通过第一中介变量（获得型印象管理）进而影响因变量的间接效应显著（95%CI：LLCI=0.035，ULCI=0.185，不包含 0），自变量通过第二中介变量（会话价值）进而影响因变量的间接效应显著（95%CI：LLCI=0.054，ULCI=0.215，不包含 0），自变量对因变量的直接影响效应也显著（β=0.085，SE=0.033，p=0.011<0.05）。可见，获得型印象管理和会话价值共同中介了稀缺性对口碑意愿的影响，H2 得到了部分验证。

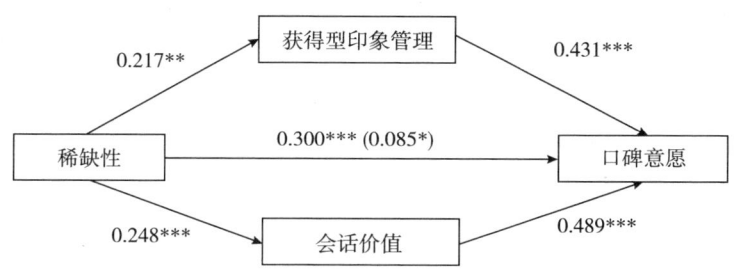

图 4.3　获得型印象管理和会话价值在稀缺性影响口碑意愿过程中的并列中介作用

注：＊表示 p<0.05，＊＊表示 p<0.01，＊＊＊表示 p<0.001。

资料来源：笔者整理。

最后，检验社会可视性在稀缺性影响口碑意愿过程中的调节作用。以稀缺性和社会可视性为自变量，口碑意愿为因变量，进行两因素方差分析。结果显示，稀缺性对口碑意愿的正向影响是显著的（F(1，199)=19.578，p<0.001），社会可视性对口碑意愿的影响不显著（F(1，199)=0.786，p>0.1），稀缺性与社会可视性的交互项对口碑意愿的影响是显著的（F(1，199)=5.259，p=

0.023<0.05）。对于高社会可视性的产品，稀缺性对口碑意愿的影响并不显著（$M_{高稀缺}$=5.227，$M_{低稀缺}$=4.799，F（1，96）=2.387，p>0.1）；对于低社会可视性的产品，稀缺性对口碑意愿的影响非常显著（$M_{高稀缺}$=5.509，$M_{低稀缺}$=4.160，F（1，103）=21.744，p<0.001）。H3再次得到验证，社会可视性调节了稀缺性对口碑意愿的影响。

实验二中两种刺激物均为实体产品，因而实验二的结果排除了实验一结果的潜在解释机制，并不是产品类型（实体 vs. 服务）直接调节了稀缺性对消费者口碑的影响，而是产品面对人际网络的社会可视性起到了调节作用。实验一和实验二使用了不同的产品或服务来操纵社会可视性，而实验三通过操纵情境的方式改变同一产品的社会可视性，来观察是否会影响稀缺性对口碑意愿的影响效应。

四、实验三

1. 研究设计与变量测量

实验三的主要目的是考察消费者自我建构类型的影响，并试图探讨在何种情况下稀缺性会对口碑意愿产生消极的影响及其作用机制。实验三为2（产品稀缺性：高 vs. 低）×2（社会可视性：高 vs. 低）×2（自我建构类型：独立型 vs. 依存型）组间实验设计。其中，产品稀缺性和社会可视性采用实验操纵，而消费者自我建构类型采用量表测量。共有351名普通消费者参加了此次实验，其中男性158人（占45.014%），年龄分布为18~25岁占13.390%，26~30岁占30.769%，31~40岁占42.165%，41~50岁占11.681%，51~60岁占1.994%。

首先，告诉被试将完成两份独立的问卷调查。第一份问卷用于测量被试的自我建构类型，本研究使用了Singelis（1994）的量表来测量被试的长期性自我建构类型，独立型自我建构和依存型自我建构分别有12个测量题项。根据以往研究（Kwon and Mattila，2015）的做法，将依存型自我建构的得分与独立型自我建构的得分相减，该差值为被试的自我建构得分。自我建构得分为正的被试入依存型自我建构组（N=234），得分为负的入独立型自我建构组（N=117）。第二份问卷用于主实验的操纵和测量相关变量。

其次，在主实验中被试将阅读一段封面故事并根据情境回答后面的问题。在高社会可视性组中，被试将阅读如下封面故事"你最近开始了某项对你来说全新的运动，该运动是一项群体性运动，你需要和很多朋友一起运动。因为这是一项群体性运动，所以你所使用的相关产品，周围的朋友都可以看到"。在低社会可视性组中，被试将阅读到"你最近开始了某项对你来说全新的运动，该运动是一项个体性运动，你通常都是自己一个人进行该项运动。因为这是一项个体性运动，所以你所使用的相关产品，周围的朋友一般都看不到"。

再次，产品稀缺性的操纵方式主要借鉴了 Sevilla 和 Redden（2014）的研究，通过突出购买机会的有限可得性（如原材料的稀缺性、购买渠道的易得程度）来制造稀缺性。被试将阅读与产品稀缺性操纵相关的内容"为了更好地开展该项运动，你购买了一系列与该运动相关的服装、运动鞋、运动设备等，这些产品都是来自 ALPHA 品牌的产品。ALPHA 品牌的产品大多选用较为稀缺（普通）的材质来生产，产量通常都比较低（高），该品牌只能在很少的商场里购买到（在很多商场里都可以购买到），周围只有很少的人购买了该品牌的产品（周围有很多人购买了该品牌的产品）"。括号中表示稀缺性较低组阅读到的内容。

又次，测量被试的口碑意愿、获得型印象管理、产品会话价值，这些变量的测量方式与实验二相同。保护型印象管理借鉴了 Wolfe、Lennox 和 Cutler（1986）以及 Korn 和 Maggs（2004）的研究，具体题项为"我认为在社交网络上分享该产品相关的信息可能使我留给他人消极的印象""对我来说，避免分享该产品相关的信息造成的负面影响是一件重要的事情"。

最后，进行自变量社会可视性和稀缺性的操纵检查，并测量了被试的性别和年龄。社会可视性的操纵检查与实验一的前测实验相同，询问被试"如果不在社交网络中晒照片，该项运动相关的产品是否会被很多认识的朋友看到"（采用 Likert 7 分量表，1 = 会被很少认识的朋友看到，7 = 会被很多认识的朋友看到）。稀缺性的操纵检查与实验一相同"我认为 ALPHA 品牌的产品是：1 = 不稀缺的，7 = 稀缺的"。

2. 结果与分析

第一，进行自变量的操纵检查和量表的信度分析。结果显示，高社会可视性组的感知社会可视性明显高于低社会可视性组（$M_{高可视} = 4.489 > M_{低可视} = 3.409$，$F(1, 349) = 39.527$，$p<0.001$），高稀缺组的感知稀缺性明显高于低稀缺组（$M_{高稀缺} = 5.983 > M_{低稀缺} = 3.270$，$F(1, 349) = 315.633$，$p<0.001$）。可见，自变量的操纵是有效的。并且，依存型自我建构组的自我建构得分明显高于独立型自我建构组（$M_{依存组} = 0.620 > M_{独立组} = -0.402$，$F(1, 349) = 391.752$，$p<0.001$）。信度检验显示，各量表的Cronbach's α系数分别是口碑意愿0.919，获得型印象管理0.789，保护型印象管理0.710，会话价值0.840，均达到可接受标准。

第二，检验稀缺性对口碑意愿影响的主效应以及获得型印象管理和产品会话价值的中介作用。单因素方差分析显示，稀缺性对口碑意愿产生了显著的正向影响（$F(1, 349) = 8.080$，$p=0.005<0.01$）。高稀缺组的口碑意愿（$M=4.933$，$SD=1.468$）明显高于低稀缺组（$M=4.498$，$SD=1.396$）。H1再次得到验证。然后，以稀缺性为自变量，以获得型印象管理和会话价值为两个并列中介，以口碑意愿为因变量，利用SPSS软件的Bootstrap插件进行多重中介效应检验。Bootstrap给出了中介检验的结果，从而得到相应的路径系数，如图4.4所示。自变量通过第一中介变量（获得型印象管理）进而影响因变量的间接效应显著（95% CI：LLCI=0.002，ULCI=0.074，不包含0），自变量通过第二中介变量（会话价值）进而影响因变量的间接效应显著（95% CI：LLCI=0.007，ULCI=0.103，不包含0），自变量对因变量的直接影响效应不显著（$\beta=0.072$，$SE=0.041$，$p=0.076>0.05$）。可见，获得型印象管理和会话价值共同中介了稀缺性对口碑意愿的影响，H2得到验证。

第三，检验社会可视性和消费者自我建构类型在产品稀缺性影响口碑意愿过程中的调节作用。以稀缺性、社会可视性、自我建构类型为自变量，口碑意愿为因变量，进行多因素方差分析。结果显示，稀缺性对口碑意愿的正向影响是显著的（$F(1, 343) = 15.435$，$p<0.001$），社会可视性和自我建构类型对口碑意愿

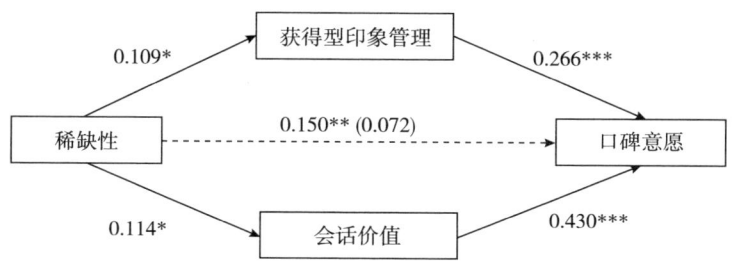

图 4.4 获得型印象管理和会话价值在稀缺性影响口碑意愿过程中的并列中介作用

注：＊表示 p<0.05，＊＊表示 p<0.01，＊＊＊表示 p<0.001。
资料来源：笔者整理。

的影响都不显著（p>0.1），稀缺性与社会可视性的交互项对口碑意愿的影响是显著的（F（1，343）=3.882，p=0.049<0.05），稀缺性与自我建构类型的交互项对口碑意愿的影响是显著的（F（1，343）=11.911，p=0.001），社会可视性与自我建构类型的交互项对口碑意愿的影响不显著（p>0.1），而稀缺性、社会可视性、自我建构类型的三重交互项对口碑意愿的影响是显著的（F（1，343）=4.633，p=0.032<0.05）。对于依存型自我建构的消费者，社会可视性在稀缺性影响口碑意愿的过程中起到了显著的调节作用，即稀缺性与社会可视性的交互项显著影响了口碑意愿（F（1，230）=13.459，p<0.001）。对于独立型自我建构的消费者，在稀缺性影响口碑意愿的过程中社会可视性的调节效应不再显著（p>0.1）。可见，H5 得到了验证，即产品社会可视性在感知稀缺性影响消费者口碑意愿的过程中的调节效应受到了消费者自我建构类型的影响，如图 4.5 和图 4.6 所示。

第四，检验对于高社会可视性产品，稀缺性对依存型自我建构消费者的口碑意愿是否会产生负向影响，以及保护型印象管理是否会起到中介作用。结果显示，对于高社会可视性的产品，稀缺性负向影响了依存型自我建构型消费者的口碑意愿（$M_{高稀缺}=4.277<M_{低稀缺}=4.853$，F（1，119）=4.867，p=0.029<0.05）。然后，以稀缺性为自变量，以保护型印象管理为中介，以口碑意愿为因变量，利

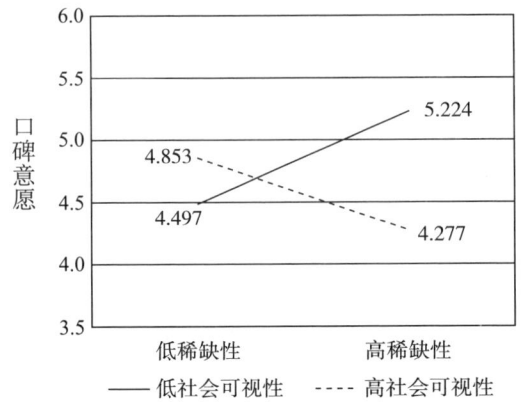

图 4.5　依存型自我建构的消费者在不同产品社会可视性和稀缺性下的口碑意愿

资料来源：笔者整理。

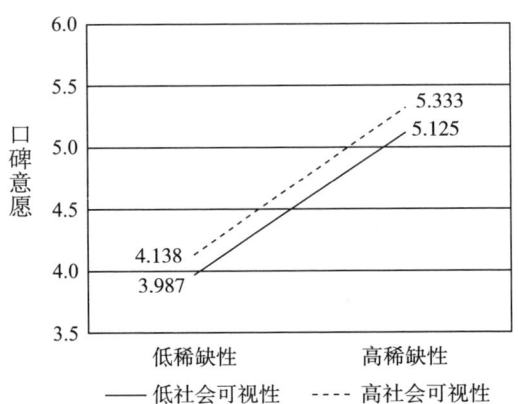

图 4.6　独立型自我建构的消费者在不同产品社会可视性和稀缺性下的口碑意愿

资料来源：笔者整理。

用 SPSS 软件的 Bootstrap 插件进行中介效应检验。自变量通过中介变量（保护型印象管理）进而影响因变量的间接效应显著（95% CI：LLCI = -0.151，ULCI = -0.015，不包含 0），自变量对因变量的直接影响效应不显著（$\beta = -0.136$，SE = 0.091，$p > 0.1$）。可见，对于高社会可视性产品，保护型印象管理完全中介了稀缺性对依存型自我建构消费者的口碑意愿的负向影响，H4 得到验证。

第三节 本章小结

本章通过一个预实验和三个实验研究探讨了产品稀缺性对消费者在社交网络中口碑意愿的影响效应。在预实验中，研究证实了稀缺产品的社会可视性对消费者感知效用起到了倒"U"形影响。在社会可视性较低的情况下，口碑分享带来的社会可视性提升可以增加消费者效用；而在社会可视性较高的情况下，口碑分享带来的社会可视性提升反而降低了消费者效用。在实验一（对比实体产品和服务）和实验二（对比两种实体产品）中，产品面对人际网络的社会可视性调节了稀缺性对口碑意愿的正向影响。相比于社会可视性较低的情况，当社会可视性较高时，稀缺性对消费者口碑意愿的正向影响被减弱。实验二还证实了获得型印象管理和产品会话价值在稀缺性影响消费者口碑意愿过程中的共同中介作用。在实验三中，研究证实了社会可视性在感知稀缺性影响消费者口碑意愿的过程中的调节效应受到了消费者自我建构类型的影响。对于依存型自我建构的消费者，社会可视性的调节效应较强；而对于独立型自我建构的消费者，社会可视性的调节效应不再显著。此外，对于社会可视性较高的产品，稀缺性负向影响了依存型自我建构型消费者在社交网络中分享口碑的意愿，保护型印象管理在这一过程中起到了完全中介作用。

第五章　社交网络平台的主观特征对消费者口碑生成的影响

本章主要采用面向普通消费者的问卷调查方法，利用结构方程模型进行数据分析，探讨了三种主要的社交网络平台的主观特征（感知匿名度、感知人际亲密度、平台好友数量）对消费者正面口碑和负面口碑生成的影响，以及这些社交网络平台的主观特征之间的相关性。

第一节　假设的提出

品牌营销者对如何提升消费者的在线参与度尤为感兴趣（Hussein, Hassan, Bates and Ruiz-Mafe, 2017）。而社交网络中的口碑是消费者表达情感、交流品牌信息的一种常见方式。它反映了消费者的在线参与度，是用户生成内容的一种。学术界对社交网络中的口碑研究同样也越来越感兴趣。一些研究侧重于探讨口碑内容如何潜在地影响受众，主要探讨了口碑生成的结果（De Keyzer, Dens and De Pelsmacker, 2017; Estrella-Ramón, Ellis-Chadwick, Bates and Ruiz-Mafe, 2017）。另一些研究则集中探讨口碑生成的前置因素，以及可能影响消费者分享口碑意愿的因素。例如，一些研究探讨了产品或品牌特征对口碑生成的重要影响,如产品的体验性(Buttle,1998;Bastos and Brucks,2017)或产品的感知趣味性(Moldovan,Goldenberg and Chattopadhyay,2011;Chen and Berger,2013),产品的象征性(Chung and Darke,2006;Wojnicki and Godes,2017)或实用性(Buttle,1998;Moldovan,Goldenberg and Chattopadhyay,2011)。还有一些研究探讨了影响口碑生成的情境因素,主要涉及易达性(Lovett,Peres and Shachar,2013;Berger and Schwartz,2011)、受众特征(Berger,2014;Barasch and Berger,2014)、口碑生成的渠道(Shen and Engupta,2018)以及口碑发布者与受众的关系(Chen and Berger,2013)。在上述这些有关口碑生成的前置因素研究的基础上,本章将主要探讨社交网络平台的主观特征如何影响消费者的正面口碑和负面口碑生成,本章也是本书中唯一涉及负面口碑生成研究的一个章节。

一、正面口碑与负面口碑生成的动机比较

人们分享口碑的动机主要可以分为自我动机和社交动机(Alexandrov,Lilly and Babakus,2013)。正面口碑分享首先满足的是人们自我提升的需求(Alexandrov,Lilly and Babakus,2013),而印象管理理论(Leary,1995)可以有效地解释该动机对正面口碑生成的影响。人们总是非常关注自己的公众印象,并因此受到很大的影响。印象管理是指人们控制他人如何看待自己的过程(Leary,2001)。口碑分享可以帮助人们提升自己留给他人的印象和主动地管理个人形象(Berger,2014;Berger and Milkman,2012)。那些能够给他人带来信息性价值的正面口碑,可以帮助口碑分享者树立一种友善、亲和的个人形象。此外,口碑不仅交流了产品或服务的信息,还交流了口碑分享者自己的信息。通过告诉他人有关自己的消费体验,消费者可以唤起他人的注意力,并显示自己的身份和品位,为自己建立一种聪慧的个人形象,从而实现自我提升目标(East,Hammond and Wright,2007)。关于积极体验的口碑还可以起到专业水准的指示信号作用(Wojnicki and Godes,2017)。

人类有与他人相联系和维持关系的基本需求(Baumeister and Leary,1995)。口碑事实上是人们想要参与到社会交互中的一种结果。消费者时常出于社会联系动机而在社交网络上分享口碑（Alexandrov，Lilly and Babakus，2013）。在社交网络中分享口碑可以给人们创造与他人讨论话题的机会，从而增加与他人的互动性，帮助消费者在社交网络平台或社交人际圈中增强活跃度和存在感。通过在线口碑进行的人际交流可以在一定程度上满足人们的社交需求，并给人们带来社交利益（Hennig-Thurau et al.，2004）。一般来说，人们只会使用正面口碑来满足社会联系的需求，而不会使用负面口碑（Alexandrov，Lilly and Babakus，2013）。

根据认知失调理论，当产品或服务的实际表现与消费者预期不符时，人们就会体验到不一致和认知失调（Festinger，1957）。为了使行为与认知保持一致，人们有时会通过传播负面口碑来缓解认知失调（Balaji，Khong and Chong，2016）。当人们遭遇了一种不满意的消费体验时，还可能会通过传播负面口碑来释放压力和减轻焦虑（Yap，Soetarto and Sweeney，2013），从而改善不良情绪（Berger，2014）。这是因为传播负面信息有助于消费者在社交网络上获取来自其他好友的情感和信息方面的社会支持（Chung and Buhalis，2008）。

负面体验给消费者带来的情绪波动更可能高于正面体验。有研究发现，情绪唤起对口碑分享行为具有较强的驱动力（Berger and Milkman，2012）。遭遇消极体验的消费者会觉得，一个表现很差的产品或服务理应受到负面口碑的惩罚。因而，消费者会在高唤起的负面情绪影响下分享负面口碑来惩罚或报复企业。此外，关心其他消费者或利他主义是分享负面口碑的另一种重要动机，即希望他人能做出更好的购买决策（Yap，Soetarto and Sweeney，2013）。那些不包含较多负面情绪而侧重于信息分享的负面口碑将有助于帮助或保护他人，从而给他人留下一个助人为乐的印象。因而，负面口碑的分享也有可能受到印象管理的驱动。

二、社交网络平台的感知匿名性

匿名性是社交网络的一种属性，它对人们的网络行为具有很大的影响力（Fox，Cruz and Ji，2015）。匿名性可以被认为是选择性自我呈现的一种功能，它被定义为能够通过减少在媒介中的可用线索来管理身份的能力（Peterson，2012）。一方面，同一个体在不同社交网络平台或账号间的匿名程度不同；另一方面，不同个体在同一社交网络平台上的匿名程度存在差异。不同的目标会引发不同的社交网络平台的使用行为（Phillips and Spitzberg，2010）。例如，有些人为了方便在不同主观匿名度的社交网络平台上发帖或分享信息，会注册两个或更多的账号。有些人在微信平台上匿名度比较低，大部分"好友"都是认识的人，而另一些人利用微信添加陌生人或有一面之缘的人为"好友"则匿名度较高。社交网络中的匿名度还与个人对自己信息的公开程度有关（Peterson，2012）。例如，在新浪微博上得到大V认证的名人就具有较低的匿名度。

网络的匿名性减少了个体在现实交流中所负担的社会责任和群体压力，使个体更倾向于在网络上大胆地表达与参与（刘迅和周皓，2017）。这是因为匿名性会显著削弱人们分享信息过程中的印象管理机制。在线匿名性会鼓励人们在网络中做出一些在线下情境中不可能做出的行为（Fox，Cruz and Ji，2015）。匿名性可能会使一个看起来亲善的人变得恶劣，尤其是会改变人们对语言的使用方式。如果让人们在公众面前显示出身份时，他们就不会说出同样的话语（Pérez-Peña，2010）。缺乏社交是匿名性造成人们做出不文明行为的主要原因（Huang，Hong and Burtch，2015）。在高匿名度下人们不再关注于社会接纳，也无须去管理公共自我（Ratner and Kahn，2002）。在感知匿名度较高的社交平台中，人们分享的信息更具有攻击性，情感表达更加极化，话语更不留余地。因而，在匿名度感知较高的社交平台上，人们常常展示出自身的"黑暗面"。

人们通常会使用低匿名度平台与现实生活中的朋友保持社交联系和进行自我形象的管理，而将高匿名度平台作为一种情绪宣泄渠道去发表一些情感极化的观点和评论。百度百科对"小号"（Alternate Account）的定义为"小号（网络用语），通常是指玩家在一个主要账号之外，再申请的辅助账号"。为了防止身份识别，人们有时会注册另一个账号，这使他们能够匿名地在网站或在线论坛上发表意见。这是人们注册小号的一个非常重要的目的。例如，明星的认证微博（匿名度较低）通常会以正式或非正式的方式公布有助于维护正面形象的信息，而明星的微博小号（匿名度较高）则常常被用于分享发牢骚、释放情绪、攻击他人等可能损害个人形象的信息。可见，在高匿名度平台中人们的印象管理、自我提升、社会联系、帮助他人等方面动机会被极大地削弱。鉴于正面口碑对分享者的实际社交价值，人们会更倾向于在匿名度低的平台上分享正面口碑。然而，当消费者遭遇令人不悦的产品或服务时，会更倾向于在高匿名度的社交网络平台分享负面口碑用以释放消极情绪，本书认为社交网络平台的感知匿名度会积极影响消费者的负面口碑。

据此，本章提出以下研究假设：

H6a：社交网络平台的感知匿名度负向影响了消费者正面口碑分享意愿。

H6b：社交网络平台的感知匿名度正向影响了消费者负面口碑分享意愿。

三、社交网络平台的感知人际亲密度

人际亲密度是指两个人之间感知心理亲近度（Gino and Galinsky，2012）。社交网络平台的感知人际亲密度是指人们对该平台上"好友"的感知人际亲密度。社交网络中的所谓"好友"与现实生活中的好友是不同的。它只是代表一种联系，该联系创建了人与人之间的在线沟通渠道。相比于线下社交网络，人们更容易在网络系统中获取"好友"（Tong，Brandon，Langwell and Walther，2008）。人们在不同匿名度平台上所添加的好友在本质上存在差异。低匿名度平台上好友的人际联系通常始于线下，然后通过线上社交网络建立关联，以便于后续的沟通。在低匿名度平台，人们更多地添加了现实生活中的好友，如朋友、同学、同事、亲戚等，这些好友比素昧平生的网友具有更高的人际亲密度。然而，在高匿名度平台上，人们所添加的好友并不具备线下的人际联系。人们与社交网站中很多"好友"的"友谊"并不需要强依附与亲密的联系（Kim and Lee，2011）。因而，平台的感知匿名度越低，感知人际亲密度越高。

好友的人际亲密度会由于激活了不同的心理动机而影响消费者的信息分享行为。Chen 和 Berger（2013）认为，当亲近的人与自己有观点上的冲突时，这不会影响到社会接纳，因为单次互动不大可能改变其他人对自己的看法；但是，与疏远的人沟通时，人们则会更加关注于社会接纳，因为人际判断更多地依赖于当前的会话。但是，Chen 和 Berger（2013）的研究发现更适合线下情境，而并不

适用于社交网络情境。社交网络中分享信息的开放性增加了印象管理目标的重要性（Oh and Larose，2016）。在社交网络情境中，信息的开放性使得平台的平均人际亲密度都远低于线下生活中的亲密交际圈。因而，在一个低匿名度的社交网络平台中，对社会接纳的关注会始终被突显，人们会持续地在意所分享的信息是否会对个人形象产生积极影响或至少不要产生消极影响。

Dubois、Bonezzi 和 Angelis（2016）曾发现，当人们与另外一个人分享口碑时，口碑受众的感知人际亲密度会影响人们分享口碑的效价，高水平的人际亲密度增加了口碑分享的消极程度，而低水平的人际亲密度增加了口碑分享的积极性。这是因为较低的人际亲密度会激活自我提升的动机，而较高的人际亲密度会激发关心或保护他人的动机。需要注意的是，Dubois、Bonezzi 和 Angelis（2016）的研究中，口碑受众是一个人。可以推测，在社交网络平台上分享口碑与个人对个人（Person-to-person）的口碑分享有一定的差异。已有研究发现，听众的数量会影响分享的内容（Barasch and Berger，2014）。相比于仅与一个人交流，当人们与很多人交流时会更加关注于自我（Barasch and Berger，2014）。在社交网络平台上分享口碑时，口碑受众的人数比较多且涉及范围更广，所以人们更多地从自我的角度出发去分享信息。本书认为，在社交网络平台中分享口碑始终会受到自我提升动机的影响，人际亲密度的提升并不会使人们把关注点从自我转向他人，因而不会显著影响口碑分享的效价。

人与人之间的关系强度可以分为强关联和弱关联（Granovetter，1983），当社交网络平台中强关联好友较多时会增加人们对该平台的感知人际亲密度。已有实证研究发现，社交网站的使用强度（Use Intensity）和网站中好友的关系强度（Tie Strength）对负面口碑均具有正向影响（Balaji，Khong and Chong，2016）。与社交网站中联系人的感知关系强度会积极影响消费者对口碑行为的参与（Chu and Kim，2011；Zhang，Feick and Mittal，2014）。关系强度与人际亲密度是高度相关的，但又有所区别。关系强度是指成员之间关联的强度（Mittal，Huppertz and Khare，2008），它不仅包括人际亲密度，还包括与其他成员联系的重要性和沟通的频率（Chu and Kim，2011）。关系强度不仅包含人们的主观感知，还涉及具体行为表现。Dubois、Bonezzi 和 Angelis（2016）指出，关系强度首先与社交双方可观察到的互动频率相关。当口碑分享者与口碑受众交互更为频繁的时候，这一关系强度就会更高。当双方的高频次互动反映出其关系强度很高时，他们并不一定具有高水平的与情感强度相关的心理亲近度。例如，当一个人由于工作关系与某位同事频繁互动时，可以认为两人具有较高的关系强度，但是事实上他们并不喜欢对方。可见，本书提出的感知人际亲密度与关系强度是两个不同的概念。

随着平台好友的感知人际亲密度的提高，人们对平台的使用黏性（包括使用频率、强度等）也会增加，因为人际亲密度相对更高的平台可以更好地满足人们在自我提升、社交联系、社会支持等方面的需求。有证据显示，对网络具有更高使用水平的消费者显示出更强的分享产品或服务口碑的意愿（Sun and Zhang, 2006）。可见，人们会更倾向于在高人际亲密度的平台上分享正面和负面口碑。此外，相比于疏远的人，人们对亲近的人会表现出更强的利他主义倾向并分享更多的信息（Paniculangara and Pacheco, 2008）。由于消费者会更愿意花费时间和精力去帮助亲近的人，那么在帮助他人或利他主义的动机下，人们会更倾向于在高人际亲密度的平台上分享正面和负面口碑。据此，本章提出以下研究假设：

H7：社交网络平台的感知匿名度与感知人际亲密度呈负相关。感知匿名度越低，感知人际亲密度越高。

H8a：社交网络平台的感知人际亲密度与消费者正面口碑意愿呈正相关。

H8b：社交网络平台的感知人际亲密度与消费者负面口碑意愿呈正相关。

四、社交网络平台的好友数量

随着人们对某一社交网络平台的使用时间的增加，所添加的好友数量将会越来越多。很多时候，人们会使用社交网络平台与好友进行人际联系，那么好友数量的增加会伴随着人际联系的频率与质量的提高。感知社会支持是指一个人感觉到被接受、被爱和参与到敞开心扉沟通的关系之中的程度（Sarason, Shearin, Pierce and Sarason, 1987）。人际亲密度是社会支持的一个基本的成分和功能

(Popovic, Milne and Barrett, 2003)。因而，好友数量的增加意味着人们可以从该平台获得更多的社会支持，从而产生更高的感知人际亲密度。

已有研究发现，在一位听众面前，人们会更关注对方，而在众多听众面前，人们会更关注自我（Barasch and Berger, 2014）。面对更多数量的好友，人们维护积极个人形象以实现自我提升的动机会更强。正面口碑的分享在很大程度上受到自我提升动机的驱动，因而人们会更倾向于在好友数量较多的低匿名度平台上分享正面口碑。然而，好友数量的增加，意味着好友异质性的增大，这会使人们感知到分享负面口碑所造成的潜在社会风险更强。当消费者决定是否要在某一社交网络平台上分享口碑时，他会考虑这一行为的潜在收益和成本。在社交网络平台上传播负面口碑会使人们受到其他网络成员的审视和判断，而这些人还会依赖口碑信息来对口碑发布者进行印象判断（Eisingerich et al., 2015; Balaji, Khong and Chong, 2016）。已有研究发现，人们对印象损害的关注会抑制负面口碑分享意愿（Zhang, Feick and Mittal, 2014）。负面口碑所反映的不好的消费体验，也可能会在一定程度上归因于消费者自身。为了防止给他人留下不好的印象，消费者会刻意避免分享某些负面口碑。因而，平台好友数量会对人们分享正面口碑有促进作用，而会对人们分享负面口碑具有抑制作用。据此，本章提出以下研究假设：

H9：平台好友数量与感知人际亲密度呈正相关。社交网络平台的好友数量越多，人们对该平台的感知人际亲密度越高。

H10a：社交网络平台的好友数量越多，人们在该平台分享正面口碑的意愿越强。

H10b：社交网络平台的好友数量越多，人们在该平台分享负面口碑的意愿越弱。

综合上述研究假设，可以得到以下研究模型（见图5.1）。

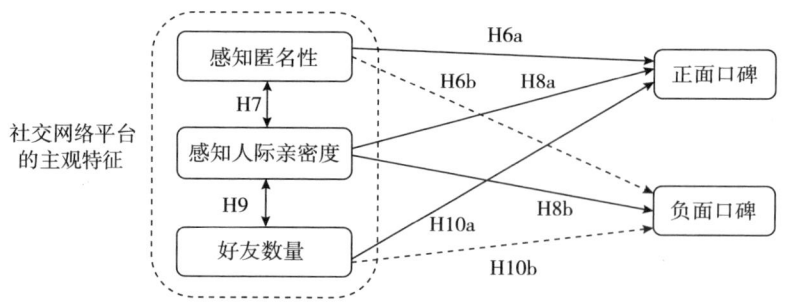

图 5.1　研究模型二：社交网络平台的主观特征对消费者口碑意愿的影响

注：虚线表示该路径在后续的实证研究中并没有得到支持。

资料来源：笔者整理。

第二节　实证研究方法

本节主要采用结构方程模型（Structural Equation Modeling，SEM）检验研究提出的一系列假设。在结构方程模型中，不可直接测量的变量被称为潜变量（Latent Variables），用观察变量（Observed Variables）来间接度量潜变量，如用若干条问卷题项（Item）得分的平均值作为潜变量的数值。结构方程模型具有以下优点：第一，结构方程模型可以同时分析潜变量及其观察变量之间的复杂关系，不仅可以描述观察变量是如何测量潜变量的，还可以表达各个潜变量之间的关系；第二，结构方程模型可以剔除随机测量误差，极大地提高了整体测量的准确度；第三，结构方程模型可同时计算多个因变量之间的关系（张伟雄和王畅，2009）。

一、样本与设计

本书通过问卷调查的方式收集实证数据。通过知名的中文调查问卷网站问卷星（http：//www.wjx.com）向样本库成员随机发放邀请邮件，邮件中包含关于本研究的简单描述和在线调研问卷的链接。当被试按照要求成功地填答完问卷后,将获得一定金额的报酬作为感谢。本书剔除了 23 份无效问卷,如填答选项前后矛盾、填答时间过短或过长的问卷。最终,收集了 369 份有效问卷,有效率为 94.1%。样本的人口统计学信息详见表 5.1。

表 5.1 样本的人口统计学信息 (N=369)

背景信息	题项	频数	比例 (%)
性别	男	154	41.7
	女	215	58.3
年龄 (岁)	<18	4	1.1
	18~25	79	21.4
	26~35	203	55.0
	36~45	67	18.2
	>45	16	4.3
收入 (元)	≤3000	38	10.3
	3001~5000	84	22.8
	5001~8000	128	34.7
	8001~12000	92	24.9
	>12000	27	7.3
教育背景	高中及以下	19	5.1
	大专	50	13.6
	本科	262	71.0
	硕士及以上	38	10.3

资料来源:笔者整理。

在问卷的开始,让被试从若干社交网络平台上选择一个经常分享信息的平台(包括微信朋友圈、微博、QQ 空间或其他),然后告诉被试后续的一系列问题将围绕着该社交网络平台展开。最终,有 79.4% 的样本选择了微信朋友圈,13.0% 选择了微博,7.3% 选择了 QQ 空间,0.3% 选择了其他。在本次问卷调查的样本中,有将近 80% 的样本选择了微信朋友圈,这一选择结果会限制跨平台比较的有效性。但是这一情况也有好处,因为本研究主要探讨的是社交网络平台的主观特征对消费者口碑生成的影响,选择同一个社交网络平台反而会减少一些潜在因素的干扰性影响（如网络平台的模块设计、社交网络平台的视觉因素）。因此，这反而为本研究结论的有效性提供了更有力的支持。

二、变量测量

为了测量本研究理论模型中的五个变量，笔者借鉴了以往研究的量表，并根据社交网络情境进行修改以符合本研究情境。所有变量均采用 Likert 7 分量表。研究采用了英文与中文对译的方式来确保语言上的对等性。具体测量题项和参考文献如表 5.2 所示。

表 5.2 测量量表的具体题项

变量和题项	参考文献
平台好友数量 "在该社交网络平台上，你总共有多少位好友？"（1 = 50 或更少，2 = 51~100，3 = 101~150，4 = 151~200，5 = 201~250，6 = 251~300，7 = 大于 300）	Ellison 等，（2007）
感知人际亲密度（Cronbach's α = 0.728） IC1 "你感觉与该社交网络平台上好友的亲密程度如何？"（1 = 一点也不亲密，7 = 非常亲密） IC2 "你感觉与该社交网络平台上好友的联系程度如何？"（1 = 根本不联系，7 = 联系度非常高）	Dubois 等，（2016）
感知匿名度（Cronbach's α = 0.745） PA1 "在该社交网络平台上，我的身份可以与其他使用者分辨开"（反编码）； PA2 "在该社交网络平台上，别的使用者知道我的真实身份"（反编码）； PA3 "我认为在该社交网络平台上没有其他使用者知道我是谁"。 (1 = 非常不同意，7 = 非常同意)	Liu 等，（2016）
正面口碑（Cronbach's α = 0.739） PWOM1 "当我遇到一个非常满意的品牌时，我会在该社交网络平台上推荐该品牌"； PWOM2 "当我遇到一个非常满意的品牌时，我会在该社交网络平台上向我的好友赞扬该品牌"； PWOM3 "当我遇到一个非常满意的品牌时，我会在该社交网络平台上传播关于该品牌的好话"； PWOM4 "当我遇到一个非常满意的品牌时，我会在该社交网络平台上给该品牌传播大量正面口碑的广告"。 (1 = 非常不同意，7 = 非常同意)	Carroll 和 Ahuvia（2006）

续表

变量和题项	参考文献
负面口碑（Cronbach's α=0.817） NWOM1 "当我在某个品牌那里遭遇了非常差的体验时，我会在该社交网络平台上分享关于该品牌的负面口碑"； NWOM2 "当我在某个品牌那里遭遇了非常差的体验时，我迫切地想要在该社交网络平台上告诉他人这段体验"； NWOM3 "当我在某个品牌那里遭遇了非常差的体验时，我会在该社交网络平台上向他人分享关于该品牌的否定性评价"； NWOM4 "当我在某个品牌那里遭遇了非常差的体验时，我会在该社交网络平台上告诫他人不要买该品牌的产品"。 （1=非常不同意，7=非常同意）	Lau 和 Ng（2001）； Chung 和 Jiang，（2017）

资料来源：笔者整理。

此外，本研究还利用两个题项测量了被试对正面或负面口碑的隐私设置的偏好。具体题项为"当你在该社交网络平台上分享关于产品或服务的正面（负面）口碑的时候，如果你可以对该条口碑信息的可视性进行设置，那么你希望该正面（负面）口碑信息对多少好友是可视的？"（采用 Likert 7 分量表，1=对任何好友都不可视，7=对所有好友都可视）。这两个关于隐私偏好的问题主要用于探讨口碑效价对分享意愿的影响。问卷中还穿插测量了一些与社交网络平台使用习惯相关的其他题项，用以避免被试对研究目的的猜测。最后，被试提供了人口统计学信息。

三、共同方法偏差

共同方法偏差（Common Method Bias，CMB），指的是由同样的数据来源或评分者、同样的测量环境、项目语境以及项目本身特征所造成的预测变量与效标变量之间人为的共变（周浩和龙立荣，2004）。共同方法偏差在采用问卷调查方法的研究中广泛存在，这种系统误差会影响假设检验的准确性。共同方法偏差和共同方法变异（Common Method Variance，CMV）的内涵是一致的，只不过 CMV 更倾向于客观描述变异的大小，而 CMB 更倾向于确定一个数值界限，以判断共同方法变异多大时，才会严重影响研究结果的有效性（邓稳根等，2018）。由

CMV 引起的偏差被称为 CMB（汤丹丹和温忠麟，2020）。表 5.3 总结了共同方法偏差的主要来源。Doty 和 Glick（1998）研究发现，大约 46% 的变异来源于特质，32% 的变异来源于方法。

表 5.3 共同方法偏差的主要来源

主要来源分类	具体来源
共同评价者效应	➢ 一致性主题 ➢ 内隐理论（和虚假关联） ➢ 社会期许性 ➢ 宽容偏见 ➢ 默认偏见（赞成和反对） ➢ 情绪状态（积极或消极情绪） ➢ 瞬间情绪状态
题项特征效应	➢ 题项社会期许性 ➢ 题项需求特征 ➢ 题项歧义 ➢ 共同量表形式 ➢ 共同量表锚定 ➢ 积极与消极题项措辞
题项情境效应	➢ 题项启动效应 ➢ 题项嵌入性 ➢ 情境诱发情绪 ➢ 量表长度 ➢ 问卷上题项或结构的混合（或分组）
测量情境效应	➢ 在同一时间点测量的预测变量和标准变量 ➢ 在同一地点测量的预测变量和标准变量 ➢ 使用相同媒介测量的预测变量和标准变量

资料来源：Podsakoff P. M., Mackenzie S. B., Lee J. Y., Podsakoff N. P. Common Method Biases in Behavioral Research: A Critical Review of the Literature and Recommended Remedies [J]. Journal of Applied Psychology, 2003, 88 (5): 879-903.

不管其来源如何，系统误差变异都会对实证结果产生深远的影响，导致潜在的误导性结论（Campbell and Fiske，1959）。为了减少共同方法偏差，研究人员通常采取程序控制和统计控制的方法。首先应该考虑程序控制方法，程序控制主要包括兼用线下（如笔纸问卷）和线上（在线问卷）的多种测试方式，采用不同等级的量表、多种数据来源，跨期或异地发放问卷等。如果条件限制了程序控制，或者无法完全消除共同方法偏差，再采用统计控制加以检验。在统计控制方面，Podsakoff等（2003）介绍了六种方法检验共同方法变异对研究结果的影响程度，包括Harman单因素检验方法（Harman's Single-factor Test）、偏相关法（Partial Correlation Procedure）、潜在误差变量控制法（包括ULMC无可测方法的方法因素效应的控制和直接测量的方法因素效应的控制）、多质多法模型（Multi-trait-multimethod，MTMM）、误差独特性相关模型（Correlated Uniqueness Model）和直接乘积模型（Direct Product Model）。其中，CMB最常用的检验方法是Harman单因素检验方法、控制未测量的潜在方法因子（ULMC）法和验证性因子分析（CFA）标签变量法。

本书首先采用Harman单因素检验方法来检验数据的共同方法偏差。该方法并不是最好的但却是最常用的方法。邓稳根等（2018）曾以《心理学报》《心理科学》《心理发展与教育》等六本心理学中文核心期刊上的全部论文（2012年1月至2017年6月）为样本，对共同方法偏差检验方法进行统计分析。结果发现，以Harman单因素检验方法使用频率最高，占比达到了93.95%。该方法常用探索性因子分析检验CMB，方法因子解释的变异越多，说明偏差越严重。因此，本研究使用主轴因子法（Principal Axis Factoring）抽取第一个因子，其对总方差的贡献率只有27.836%。因为第一公因子的方差解释百分比小于40%，可以认为不存在严重的共同方法偏差。只有当单独一个因子从因素分析中析出并解释了大部分的变量变异时，才有理由认为存在严重的共同方法偏差（Podsakoff and Organ，1986）。但是，上述检验还受信度的影响。具体而言，α系数较高时，CMV很小也能检验出CMB严重；而α系数较低时，CMV很大才能检验出CMB严重（汤丹丹和温忠麟，2020）。总的来说，Harman单因素检验方法的检验力较低。

随后，本研究又采用了ULMC（Unmeasured Latent Method Construct）方法再一次检验了共同方法偏差的问题。该方法将受到方法因子直接影响的项目作为其指标，即所有项目作为方法因子的指标，建立双因子模型（即控制模型）。一般情况下，如果控制模型与原始模型存在显著差异，则认为共同方法偏差严重（Richardson，Simmering and Sturman，2009）。本研究发现，在加入新的潜在标记变量后，研究模型的各项适配度指标并没有原始模型的结果好。原始模型和控制模型在 NFI、TLI、CFI 和 RMSEA 这些指标上的差异小于 0.02，如表 5.4 所示。可见，本研究数据的共同方法偏差并不严重，不会对假设检验结果产生实质性影响。

表 5.4 共同方法偏差检验的结果

模型	χ^2	df	χ^2/df	NFI	TLI	CFI	RMSEA
原始模型	140.921	68	2.072	0.907	0.932	0.949	0.054
控制模型	143.148	68	2.105	0.906	0.930	0.947	0.055

资料来源：笔者整理。

四、实证结果

1. 信度检验

信度代表的是数据的可靠性程度和一致性程度，它能够反映数据的稳定性和集中程度。本研究使用 IBM SPSS 19.0 软件对数据进行信度检验。结果显示，各测量量表的组合信度均大于 0.7，如表 5.5 所示。可见，本研究所使用的量表具有良好的信度。

2. 效度检验

效度是指测量工具能够准确测量出事物真实情况的能力，它能够反映数据的准确性。本研究所使用的量表均来源于前人的研究，并在问卷设计过程中咨询了专家意见，对量表题项进行了再次修正以确保量表具有较好的内容效度。

收敛效度（Convergent Validity）检验。收敛效度是指不同的观察变量是否可以用来测量同一潜变量。本研究使用 AMOS 17.0 软件进行效度检验和路径分析。验证性因子分析的结果显示，所有题项的标准化载荷均大于 0.5，各变量的组合信度均大于 0.7 且平均提炼方差（AVE）均大于 0.5（见表 5.5）。模型拟合度指标 $\chi^2 = 140.921$，df = 68，$\chi^2/df = 2.072$（介于 2 和 5 之间），RMSEA = 0.054 < 0.08，SRMR = 0.050 < 0.08，CFI = 0.949 < 0.90，NFI = 0.907 > 0.90，TLI = 0.932 >

0.90，这些指标说明本研究数据与验证性因子分析模型的拟合度较好。

表 5.5　验证性因子分析的结果

因子	题项	标准化因子载荷	T 值	组合信度	AVE
感知人际亲密度（IC）	IC1	0.799	—	0.732	0.578
	IC2	0.720	8.257		
感知匿名度（PA）	PA1	0.815	—	0.840	0.644
	PA2	0.783	10.877		
	PA3	0.536	9.012		
正面口碑（PWOM）	PWOM1	0.684	—	0.825	0.543
	PWOM2	0.716	10.391		
	PWOM3	0.627	9.563		
	PWOM4	0.555	8.687		
负面口碑（NWOM）	NWOM1	0.731	—	0.886	0.661
	NWOM2	0.752	12.503		
	NWOM3	0.772	12.716		
	NWOM4	0.655	11.144		

注：AMOS 软件中设定各因子的第一个题项的未标准化回归系数为固定参数 1，因而 T 值为空白。
资料来源：笔者整理。

区别效度（Discriminant Validity）检验。区别效度是指不同的潜变量是否存在显著差异。如表 5.6 所示，所有因子之间的相关系数均小于各因子 AVE 值的算术平方根，这说明量表具有良好的区别效度。

表 5.6　区别效度检验

	IC	PA	PWOM	NWOM
IC	0.760			
PA	−0.381	0.802		
PWOM	0.542	−0.357	0.737	
NWOM	0.183	−0.032	0.279	0.813

资料来源：笔者整理。

3. 路径分析与假设检验

本研究采用极大似然法进行参数估计，得到各个变量之间的路径系数及显著度，如表5.7所示。本研究提出的大部分研究假设均得到了验证，只有H6b和H10b没有得到验证。在社交网络平台的主观特征之间，感知匿名度显著负向影响了感知人际亲密度，而平台好友数量显著正向影响了感知人际亲密度。对于正面口碑，感知匿名度、感知人际亲密度和平台好友数量均产生了显著的负向或正向影响效应。对于负面口碑，只有感知人际亲密度产生了显著的正向影响效应。H6b"感知匿名度→负面口碑"和H10b"平台好友数量→负面口碑"两个路径没有得到统计上的显著性。这说明，较低的感知匿名度和较多的平台好友数量只会对正面口碑分享具有促进作用，而不会显著影响负面口碑的分享。

表5.7 路径分析与假设检验结果

路径分析	路径系数	T值	显著度	结果
H6a：感知匿名度→正面口碑	−0.351	−4.795	***	支持
H6b：感知匿名度→负面口碑	−0.039	−0.491	n.s.	不支持
H7：感知匿名度→感知人际亲密度	−0.373	−5.103	***	支持
H8a：感知人际亲密度→正面口碑	0.435	6.336	***	支持
H8b：感知人际亲密度→负面口碑	0.184	2.672	**	支持
H9：平台好友数量→感知人际亲密度	0.252	2.643	**	支持
H10a：平台好友数量→正面口碑	0.399	4.051	***	支持
H10b：平台好友数量→负面口碑	0.138	1.231	n.s.	不支持
感知匿名度→平台好友数量	−0.152	−1.371	n.s.	—

注：*** 表示 $p<0.001$，** 表示 $p<0.01$，n.s. 表示该影响路径不显著。
资料来源：笔者整理。

针对H6b并没有得到验证的问题，本研究推测：如果消费者出于释放情绪的目的分享负面口碑，那么他/她会更倾向于在匿名度较高的平台分享，以避免留给他人不好的印象。但如果消费者是想要通过分享负面口碑信息来帮助他人或获取社会支持，那么他会更倾向于在匿名度较低的平台分享，因为人们在低匿名度平台上的助人动机会更强且获得社会支持的可能性更高。因而，社交网络平台的感知匿名度对负面口碑的影响并不明确,这将取决于分享口碑的具体动机。针对 H10b 并没有得到验证的问题,本研究推测:朋友的数量会增加负面口碑分享的社交价值,但同时有损个人形象的感知风险也会增加,这将会使朋友数量对负面口碑的影响并不那么明确。此外,综合考虑 H8a 和 H8b,根据路径分析的结果可知,感知人际亲密度并没有增加口碑的消极程度,这与 Dubois、Bonezzi 和 Angelis(2016)的发现不一致,原因在于线上与线下情境的人际沟通存在差异,口碑受众的人数造成了这种差异。

最后,本研究探讨了人们在正面和负面口碑的隐私设置方面的差异性。配对样本 T 检验显示,正面口碑的可视性($M=5.734$, $SD=1.214$)显著高于负面口碑($M=5.016$, $SD=1.738$)($t=7.332$, $df=368$, $p<0.001$)。可见,人们对正面口碑的隐私设置程度更低,更愿意把正面口碑分享给更多的好友。这是因为人们拥有更多的正面口碑分享动机,分享正面口碑比分享负面口碑给消费者带来的自我价值和社交价值更高。

第三节 本章小结

本章主要探讨了社交网络平台的三种主观特征对消费者口碑分享意愿的影响。通过结构方程模型的分析,研究发现社交网络平台的主观特征之间存在一定的相关性,并且它们对不同效价口碑的影响存在差异。主要结论包括:第一,感知匿名度与感知人际亲密度呈负相关,而平台好友数量与感知人际亲密度呈正相关;第二,感知匿名度负向影响了正面口碑分享意愿,但并不影响负面口碑分享意愿;第三,感知人际亲密度对正面和负面口碑分享意愿均产生了正向影响;第四,平台好友数量仅对正面口碑分享意愿产生了正向影响,但并不影响负面口碑分享意愿。此外,口碑效价会影响人们在社交网络平台中的分享意愿,人们更倾向于分享正面口碑而胜于分享负面口碑。

第六章　结论与讨论

本章包括三部分内容：一是主要研究结论，陈述了基于扎根理论的质性研究结果（即社交网络情境下消费者口碑生成的影响因素模型）、研究模型一（产品稀缺性对消费者口碑意愿的影响机制）和研究模型二（社交网络平台的主观特征对消费者口碑意愿的影响）中的假设检验情况；二是研究的理论贡献和实践启示，分别对社交网络情境下消费者口碑生成的影响因素模型、社交网络情境下稀缺性对消费者口碑生成的影响、社交网络平台的主观特征对消费者口碑生成的影响三个方面进行了详细的阐述；三是研究局限与未来研究方向。

第一节　主要研究结论

一、社交网络情境下消费者口碑生成的影响因素模型

本书第三章利用基于扎根理论的质性研究方法，以新浪微博中消费者真实口碑为研究对象，构建了社交网络情境下消费者口碑生成的影响因素模型，如图3.2 所示。在该理论模型中，促进口碑生成的客观因素包括特定消费情境（情感性、初始性、稀缺性和过程性）和特定产品/服务属性（趣味性、独特性、昂贵

性和情感性），促进口碑生成的主观因素涉及消费者对产品/服务的满意（对单一属性的认可/满意和对整体的认可/满意）和积极情绪（积极自我意识情绪、高唤起积极情绪和中等唤起积极情绪）。客观因素可能直接促进口碑的生成，也可能通过消费者主观因素进而促进口碑生成。此外，很多时候不是单一因素而是多重因素共同促进口碑的生成。

通过新浪微博收集的口碑文本无法反映出社交网络情境的特点，为此第三章研究还增加了焦点小组访谈的环节来探讨社交网络情境对消费者口碑生成的影响。进一步研究发现，相比于线下或面对面口碑，社交网络情境下的口碑生成在内容上具有语义和图片等多种形式，还有信息凝练和口碑对象广泛的特点，在口碑生成过程中具有受即时情绪影响、无时间和地点限制的特点，在口碑生成之后的影响上具有可以仅展示而不互动、可以找到更多的共鸣者的特点。这些特点使得社交网络情境下的口碑生成数量和频率远远高于线下情境。

二、社交网络情境下稀缺性对消费者口碑生成的影响

本书第四章主要探讨了产品或服务的稀缺性对消费者在社交网络中口碑生成意愿的积极与消极的双重影响效应，通过一个预实验和三个实验研究，检验了研究提出的一系列假设，假设检验的情况如表 6.1 所示。主要研究结论包括：稀缺产品面对人际网络的社会可视性对消费者感知效用起到了倒"U"形的影响效应；当产品具有较高的面对人际网络的社会可视性时，稀缺性对消费者口碑的正向影响会被削弱；稀缺性对消费者在社交网络中口碑意愿的正向影响受到了获得型印象管理和产品会话价值的共同中介作用；产品社会可视性在稀缺性影响消费者口碑意愿过程中的调节效应受到了消费者自我建构类型的影响，对于依存型（相比独立型）自我建构的消费者，社会可视性的调节效应较强；对于社会可视性较高的产品，稀缺性负向影响了依存型自我建构型消费者在社交网络中分享口碑的意愿，保护型印象管理起到了完全中介作用。

表 6.1 本书第四章各假设的检验情况

假设内容	方法	验证结果
H1：产品稀缺性正向影响了消费者在社交网络中的口碑生成意愿	实验一（方差分析） 实验二（方差分析） 实验三（方差分析）	成立
H2：消费者更倾向于在社交网络中分享高稀缺性（相比低稀缺性）产品的口碑，这是因为高稀缺性产品更可能帮助消费者创造留给他人的积极印象。同时，相比于低稀缺性产品，那些高稀缺性产品是更值得谈论的话题。换言之，获得型印象管理（a）和产品会话价值（b）对于产品稀缺性对消费者口碑意愿的影响起共同中介作用	实验二（Bootstrap 分析）	部分成立
H3：产品的面对人际网络的社会可视性会调节产品稀缺性对消费者在社交网络上的口碑意愿的影响。相比于社会可视性较低时，当社会可视性较高时，产品稀缺性对消费者口碑意愿的正向影响被减弱	实验一（方差分析） 实验二（方差分析）	成立
H4：对于社会可视性较高的产品，产品稀缺性负向影响了依存型自我建构型消费者在社交网络中分享口碑的意愿。其中，保护型印象管理动机起到了中介作用	实验三（Bootstrap 分析）	成立
H5：产品社会可视性在稀缺性影响消费者口碑意愿的过程中的调节效应受到了消费者自我建构类型的影响。相比于独立型自我建构的消费者，对于依存型自我建构的消费者，产品社会可视性的调节效应更强	实验三（方差分析）	成立

资料来源：笔者整理。

三、社交网络平台的主观特征对消费者口碑生成的影响

本书第五章通过专业的在线调研平台对 369 名消费者进行了问卷调查，对调研数据进行了结构方程模型分析，从而检验了研究提出的一系列假设，假设检验的情况如表 6.2 所示。研究结果发现，社交网络平台的感知匿名度与感知人际亲密度呈负相关，而平台好友数量与感知人际亲密度呈正相关。对于不同效价的口碑，平台的主观特征对口碑分享意愿的影响存在差异。对于正面口碑，感知匿名度显著负向影响了消费者口碑分享意愿，而感知人际亲密度和平台好友数量均显著正向影响了消费者口碑分享意愿。但是，对于负面口碑，只有感知人际亲密度显著正向影响了消费者口碑分享意愿。

表 6.2　本书第五章各假设的检验情况

假设内容	方法	验证结果
H6a：社交网络平台的感知匿名度负向影响了消费者正面口碑分享意愿	结构方程模型路径分析	成立
H6b：社交网络平台的感知匿名度正向影响了消费者负面口碑分享意愿	结构方程模型路径分析	不成立
H7：社交网络平台的感知匿名度与感知人际亲密度呈负相关。感知匿名度越低，感知人际亲密度越高	结构方程模型路径分析	成立
H8a：社交网络平台的感知人际亲密度与消费者正面口碑意愿呈正相关	结构方程模型路径分析	成立
H8b：社交网络平台的感知人际亲密度与消费者负面口碑意愿呈正相关	结构方程模型路径分析	成立
H9：平台好友数量与感知人际亲密度呈正相关。社交网络平台的好友数量越多，人们对该平台的感知人际亲密度越高	结构方程模型路径分析	成立
H10a：社交网络平台的好友数量越多，人们在该平台分享正面口碑的意愿越强	结构方程模型路径分析	成立
H10b：社交网络平台的好友数量越多，人们在该平台分享负面口碑的意愿越弱	结构方程模型路径分析	不成立

资料来源：笔者整理。

第二节　理论贡献与实践启示

一、理论贡献

本书第三章至第五章的内容分别从不同视角出发，补充和丰富了现有消费者口碑生成的相关文献，具体如下：

第三章的理论贡献主要体现在以下几个方面：第一，现有文献零散地探讨了可能影响消费者口碑生成的前置因素，因为定量研究通常需要聚焦于少数影响因素，这不仅使一些潜在影响因素和变量范畴未能得到探讨，而且对影响因素之间的逻辑关系缺乏系统性梳理。本研究将口碑生成的影响因素分为客观因素和主观因素，客观因素进一步细分为情境因素和产品/服务属性因素，主观因素则进一步细分为认知因素和情绪因素。客观因素既可能直接影响口碑生成，也可能通过主观因素间接影响口碑生成。本研究使用扎根研究和消费者访谈的质性研究方法进行了探索性研究，从而为社交网络情境下消费者口碑生成的影响因素构建出了一个比较系统的理论框架，在一定程度上弥补了以往定量研究存在的不足。第二，在影响口碑生成的情境因素方面，以往研究主要探讨了社会情境（如受众特点、关系亲密度）对口碑生成的影响，而本研究通过质性研究方法可以有效地挖掘到以往文献中尚未提及的具体消费情境，如赠礼情境、新得情境、消费等待。此外，本研究还在现有文献的基础上补充了口碑生成的产品/服务属性因素，如独特性、昂贵性、情感性。第三，以往有关情绪对口碑影响的研究并没有细分情绪的类型，而本研究发现了特定积极情绪（如自豪、惊讶、怀旧、高兴）对口碑生成的诱发作用，在理论上补充了口碑生成的情绪机制。而且社交网络为消费者抒发即时情绪提供了良好的渠道和平台，缺乏社交网络情境时会降低口碑生成的机会。第四，现有文献尚缺乏对社交网络情境中口碑生成特点的探讨。本研究通过焦点小组访谈法对社交网络情境中口碑生成的内容、过程和后续影响的特点进行了初步的探讨，这些特点使得社交网络中的口碑生成区别于其他形式下的口碑生成（如面对面口碑）。

第四章有效地揭示了产品稀缺性对消费者在社交网络中分享口碑意愿的影响及其作用机制。在理论上，本研究首先贡献于消费者口碑生成相关的文献，从积极和消极两个视角探讨了稀缺性对消费者口碑的双重影响力。其次，本研究探讨了获得型印象管理和产品会话价值在稀缺性正向影响消费者口碑中的中介作用，从而解释了稀缺性对口碑生成的积极影响的作用机制。再次，本研究整合了面对人际网络的社会可视性对消费者口碑的影响，发现了稀缺产品的过度社会可视性的潜在消极社交影响，从而丰富了产品社会可视性和人际关系相关的理论研究。最后，本研究引入消费者自我建构的个体差异变量（同时也是一种文化差异变量），发现对于依存型自我建构的消费者，具有较高社会可视性的稀缺产品会激发保护型印象管理动机，从而使稀缺性对口碑产生了负向影响，这些发现补充了印象管理和消费者自我建构相关的理论。

社交网络平台的出现使人们的沟通方式发生了极大的变化。第五章探讨了社交网络情境下消费者口碑生成和口碑信息传播问题，具有较强的理论和现实意义。第五章研究的理论贡献主要涉及以下几个方面：首先，已有研究未曾考察社交网络平台的主观特征之间的相关性，本研究率先揭示了社交网络平台的三种主观特征（感知匿名度、感知人际亲密度、平台好友数量）之间的相关性；其次，现有文献中有关正面口碑和负面口碑的对比性研究较为少见，本研究则分析了在不同主观特征水平下，人们分享正面口碑和负面口碑的动机存在哪些差异，研究结果贡献于正面口碑与负面口碑生成的对比研究；最后，不同于以往研究中侧重的产品因素、消费者个性因素或消费情境因素，本研究首次基于社交网络平台的视角，探讨了匿名性、人际亲密度和好友数量对人们网络行为的影响，补充了消费者在社交网络平台上口碑生成的前置因素方面的文献。具体而言，以往有关网络匿名性的研究，集中于匿名性与不文明用语或网络语言暴力的相关性（Huang, Hong and Burtch, 2015; Fox, Cruz and Ji, 2015），第五章研究则拓展了匿名性对人们网络沟通行为的影响研究，发现匿名性还会影响人们的口碑意愿；研究将线下情境中人际亲密度对沟通行为的研究拓展至社交网络情境，并指出了这种影响与以往研究结论的差异所在；还补充了好友数量对人际沟通行为的影响研究，发现好友数量的增加更好地满足了人们的人际联系需求，给消费者提供了一个更广阔的自我展露平台，从而促进了口碑分享。

二、实践启示

营销大师科特勒曾指出，营销就是为了使推销成为多余。企业营销活动的结果是为产品销售造"势"，使人心所向、产品畅销。想要利用口碑为产品销售造"势"，就必须要了解消费者口碑的生成过程，让消费者自发地发布口碑。第三章的研究结论具有以下实践启示：

第一，特定情境会促进消费者生成口碑。赠礼情境容易激发消费者口碑，包括赠送他人礼物、获得礼物或自我赠礼。这启示企业可以推出礼盒包装，或者组织与赠礼相关的主题促销活动等。消费期待或消费等待容易激发消费者发布口碑，这启示企业所采取的预售或预订等策略可以与口碑营销相结合。此外，消费情境的稀缺性塑造是促进口碑的一种方法，比如设计源于高需求或低供给的有限购买机会、异地购物或消费的旅行日志活动。初始性消费情境启示企业注重口碑营销的时机，消费者刚获取或初次尝试这一阶段尤为重要。

第二，产品或服务的趣味性、独特性、昂贵性和情感性会促进消费者生成口碑。昂贵的产品或服务更容易被消费者用于印象管理。分享昂贵产品或服务的口碑反映出分享者自我的某些方面，比如经济地位、收入水平或时尚品位。可见，产品设计中增加彰显消费者自我的积极方面的要素可以增加被分享的可能。根据名人效应，企业不仅可以将产品或服务与当红明星相联系，也可以与历史名人相联系，并利用这一点做适当的宣传。根据拟人化促进口碑的发现，企业可以把产品设计、广告宣传、包装等方面的拟人化战略与口碑营销相结合。

第三，制造特定积极情绪反应的机会。当消费者的积极体验是未预期到的时候，很容易产生惊讶情绪，进而促进口碑。惊讶的出现很大程度上依赖于企业的持续创新。创新可以与产品、包装、消费环境、购物流程等方面相关，创新可以体现在购买前、购买中和购买后的各个阶段。另外，有些企业在产品开发、设计、生产等环节都融入了顾客参与，积极的顾客参与可以激发自豪情绪，在此基础上企业可以辅以口碑营销活动从而达到顾客自发宣传效果。

第四，确保消费者对产品或服务足够满意。与以往研究相一致，满意是消费者口碑的前提。真正的口碑营销依赖于优质的产品和服务，以产品和服务至上，然后再辅以口碑营销锦上添花。口碑是企业因优良产品和服务而得到的嘉奖，是企业免费的广告和关注，口碑也是"双刃剑"，当遭遇坏的产品和服务时，企业会因负面口碑的流传而受到惩罚。没有优质的产品和服务作为基础，其他任何营销努力都属于杯水车薪。

第五，促进消费者的积极消费行为。以往研究多注重购前阶段，而购后行为对于企业的长期发展可能更为重要。如果消费者购买了一件产品后将其闲置，无法发挥效用,消费者一定后悔当初的决策,并消极影响品牌印象。相反,如果一件产品在购买后被积极使用,发挥出最大的效用,消费者往往对当初的购买决策满意有加。这启示企业应该将实现消费者的积极消费行为作为战略目标,谋求品牌的长足发展。

需要注意的是,口碑信息对其他消费者的积极影响需要满足一些条件。例如,口碑效价必须是积极的或中性的。又如,口碑分享者不能是消极参照群体成员。积极参照群体和成员参照群体所分享的口碑会对其他消费者产生正向影响,而消极参照群体可能产生不利影响(如一些消费者表示拒绝购买涉毒明星推荐的产品)。此外,口碑内容与受众的消费目标相关性也会影响口碑效应,相关性较低时口碑影响力会被削弱。

第四章的研究结论可以使企业更深入地了解稀缺性对消费者在社交网络中口碑分享意愿的积极与消极影响,从而最大限度地发挥稀缺性的正面效应而降低负面效应。企业应当充分利用社交网络环境帮助企业的正面口碑得到有效传播,利用这种免费的营销沟通渠道可以在极低成本的情况下达到非常好的宣传和沟通效果。稀缺性的塑造在营销实践中有各种各样的表达途径,如源于高需求或低供给、时间稀缺、数量稀缺、身份限制。企业可以创造性地综合运用不同方式来塑造产品或服务的稀缺性。如果企业使一件事物或产品成为"话头"更容易激发人们对它的讨论和口碑。根据本研究的结论,稀缺性是将产品塑造成"话头"的一种方式。一种产品或服务会因为其具有较强的稀缺性而提高其会话价值,使得人们更愿意讨论它,最终增加了消费者在社交网络上分享口碑的可能性。本书第四章仅探讨了产品或服务的客观稀缺性对消费者口碑的影响,而稀缺性不仅源于外部,还可能源于消费者自身。例如,如果一位消费者平时工作繁忙,突然获得一次休假机会,那么该休假时光就具备极高的稀缺性,从而影响了消费者的口碑意愿。这些源于消费者自身的稀缺性也非常值得企业探究和使用。

对于具有不同的面对人际网络的社会可视性产品,稀缺性对消费者口碑的影响有所不同。对于社会可视性较低的产品(如家居用品、餐饮),企业更应该充分利用稀缺性对口碑的正向影响效应,通过营销策划、产品或服务创新等方式提升消费者对产品的感知稀缺性，从而最大限度地激励消费者主动在社交网络上分享产品或服务的口碑信息。而对于那些社会可视性较高的产品（如皮包、手表等），企业应意识到其口碑分享存在潜在社交成本，稀缺性对口碑的正向影响更多地存在于那些独立型自我建构的消费者中。由于服务类产品具有无形性、生产与消费的不可分离性等特点，其面对人际网络的社会可视性反而比较低，口碑分享可以帮助消费者获得其象征性价值。但是，服务类产品的口碑分享的象征性价值也在很大程度上来源于服务的稀缺性，只有那些新奇有趣、独特少见、标新立异从而具备较强稀缺性的服务才更容易激发消费者的口碑分享意愿。目前，市场上有一些餐饮类企业通过让消费者在朋友圈晒图获得折扣价格或者以赠送菜品的方式促进口碑传播，但显而易见这种被动地口碑传播远不及让消费者积极主动地发布口碑的效果好。

不容忽视的是，稀缺性可能给消费者带来一些潜在的社交成本。在某些情境（如高社会可视性、依存型自我建构）下，稀缺性的增加反而会降低消费者的口碑分享意愿，因为稀缺性引发了消费者的保护型印象管理动机。在稀缺性的双重影响效应中，如果稀缺事物的口碑传播可以帮助其他人认识产品以及促进他们的购买行为，而不是造成别人只能"看"而不能或没有能力买，那么消极效应就会最小化。例如，创新设计的产品在刚刚推出时，消费者会因为它的新颖、新奇、独特而感知到较高的稀缺性，从而诱发人们分享口碑。其他消费者会因为看到他/她的口碑信息而获取产品信息，从而促进后续的关注和购买行为。因此，企业在利用稀缺性促进口碑时，必须有效细分稀缺性的种类和所处情境，在确保稀缺性不诱发保护型印象管理的前提下发挥它的积极作用。

第五章的研究主要探讨了社交网络平台因素与口碑生成之间的关系。第五章研究内容帮助人们更好地理解了什么样的社交网络平台更容易出现消费者口碑，可以为营销者如何在社交网络平台上设计口碑营销活动提供一些启示。根据这项研究的发现，人们会更喜欢在低匿名度、高人际亲密度和拥有较多好友的社交网络平台上分享正面口碑。企业应该选择这类平台或具有这些主观特征的消费者去促进正面口碑的生成。更进一步来看，企业可以在社交网站设计上进行调整，设计更多的功能模块和互动环节用于增加好友之间的沟通，提升人们对平台的感知人际亲密度和降低感知匿名度。例如，平台可以根据人们之前的互动频率而安排好友状态信息出现的顺序，而并不一定要按照时间顺序排序，从而从主观上提升人们对平台的感知人际亲密度。平台还可以对用户分享自我展露相关内容实施奖励，降低人们在平台的感知匿名度，不仅可以减少网络语言暴力问题，还可以推进正面口碑的生成和传播。

虽然相比于正面口碑，人们分享负面口碑的意愿和数量会下降，但是企业依旧不能忽视负面口碑对企业品牌声誉和产品销售的杀伤力，因为消费者往往对负面信息的敏感度更高。根据第五章研究的发现，无论匿名度是高还是低，无论朋友数量是多还是少，都可能会存在负面口碑。因而，不管平台的匿名度和朋友数量如何，企业都需要加强售后客户关系管理。考虑到负面口碑的出现不可避免，企业可以在社交网络中设计口碑监控机制和快速应对机制。同时，还应该有效地利用负面口碑作为情报信息或市场调研信息，不断加强对负面口碑信息的收集、管理和回应。通过企业客户服务与口碑管理制度的建设，企业可以对客户生成的负面口碑做出更快的应对，并据此优化企业的产品和服务流程。特别是，一个具有较高人际亲密度的社交网络平台会更容易出现负面口碑信息，那么企业就有必要随时监控这类平台上的负面口碑并及时针对负面口碑作出主动性售后服务、客户回访、问题解决、评论回复、产品改进等一系列反应。

第三节 研究局限与未来研究方向

第三章的主要研究不足体现在没能将消费者发布口碑的动机融入模型，原因在于口碑文本中无法有效识别其发布口碑的内在动机，消费者通常不会在口碑中直接展露自己的动机。以往定量研究恰好可以与第三章研究进行互补，未来可以结合文献中关于口碑动机的研究对理论模型进行优化。第三章研究的另一个不足体现在没有考察消费者特质对口碑生成的影响，因为仅凭口碑信息无法有效识别消费者个性特质。未来研究可以在定量研究中通过量表测量考察消费者个性特质对口碑生成的影响。

未来研究还可以在第三章研究成果的基础上考察各类前置因素（如消费情境、产品/服务属性）是通过哪些动机或情绪机制促进口碑生成的。例如，印象管理是促进消费者口碑生成的重要心理动机（Berger，2014），消费情境的稀缺性、产品/服务的昂贵性等因素可能会通过印象管理机制影响口碑的生成。还有很多有趣的研究问题值得在未来研究中进一步探讨。例如，产品拟人化为什么会促进口碑生成；消费者为什么喜欢谈论与名人相关联的产品或服务；哪些因素影响了口碑呈现的方式（如仅是谈论、直接推荐等）。

作为一种质性研究方法，扎根研究在信度和效度等方面仍存在很多不足。为了使第三章研究得到的结论具备更强的说服力，还需要后续进行实证定量研究来验证和深化研究结论。为此，需要将第三章研究中的一些范畴进行概念化和可操作化，利用心理与行为实验、问卷调查等定量方法来进行实证研究。另外，由于第三章研究仅考察了"新浪微博"这一种社交网络，而其他类型的社交网络可能会由于平台渠道的属性差别而影响口碑生成。社交网络的匿名性、心理距离等因素都可能对口碑生成产生重要影响。

第四章仅探讨了来自低供给的稀缺性对消费者口碑的影响，而稀缺性的形成可以有很多种类和分类，比如限量或限时塑造的稀缺、自然与人为的稀缺、源于高需求或者竞争的稀缺等。不同类型的稀缺性对消费者社交口碑意愿的影响可能有差异性。除了客观稀缺性，消费者的主观稀缺心态（Scarcity Mindset）也可能对消费者口碑产生显著的影响效应。有研究发现，当人们体验到稀缺（如金钱或时间限制）时会将注意力放在即刻的与稀缺相关的事物上，而忽视了对其他事物的关注，从而发生了管窥效应（Tunneling Effect）（Mullainathan and Shafir，2013；Shah，Mullainathan and Shafir，2012）。未来可进一步探讨，主观稀缺心态所引发的管窥效应是否会对消费者口碑产生影响。未来研究可以探讨更多关于产品或品牌特征、具体消费情境等因素对消费者在社交网络中口碑生成的影响，如品牌拟人化、消费阶段、情感因素。未来研究还应该增加实验情境中产品的种类、利用客观市场情境并考察真实的口碑生成过程来提高研究结论的外部效度。

第五章仅探讨了社交网络平台的主观特征对口碑生成的影响,并没有涉及口碑传播。口碑生成关乎自己的经历,而口碑传播关乎他人的经历(De Angelis et al.,2012)。以往研究发现,消费者倾向于在谈论自己的消费体验时分享正面口碑,而在谈论他人的消费体验时分享负面口碑(De Angelis et al.,2012)。因而,第五章研究的发现并不一定适用于口碑传播情境,未来研究可以进一步探讨这些主观特征对口碑传播意愿的影响。此外,现有文献中关于口碑生成前置因素的探讨较多地集中在产品特征、公司行为等方面,未来研究可以探讨在不同特征的社交网络平台中,其他前置因素在影响消费者口碑行为方面的差异性。在研究方法上,第五章使用了结构方程模型方法来验证研究假设,未来也可以采用心理学实验方法进一步扩展研究的内涵和外延。例如,利用实验情境的设计来细分消费者自发形成的纯粹口碑和企业激励型口碑。第五章仅探讨了纯粹口碑的生成,未来研究可以深入探讨企业激励型口碑的内容及其后续影响。最后,社交网络平台的主观特征不仅会影响消费者的口碑行为,还有可能影响人们的自我展露方式、语言表达等其他沟通方面的内容,这些问题都值得在未来研究中进一步探讨。

参考文献

[1] 陈春峰,张德鹏,刘思.用户自我建构对社交媒体疲劳的影响:一个条件过程模型[J].情报杂志,2020,39(4):180-188.

[2] 陈增祥,何云,刘博群.怀旧弱化中国消费者对外国品牌的评价:物质主义的中介作用[J].营销科学学报,2014,10(3):113-127.

[3] 邓稳根,黎小瑜,陈勃,罗坤,曾小燕.国内心理学文献中共同方法偏差检验的现状[J].江西师范大学学报(自然科学版),2018,42(5):11-17.

[4] 董大海,刘琰.口碑、网络口碑与鼠碑辨析[J].管理学报,2012,9(3):428-436.

[5] 胡幼蕙.质性研究——理论,方法及本土女性研究实例[M].中国台北:巨流图书公司,1994.

[6] 黄孝俊,徐伟青.口碑传播的基本研究取向[J].浙江大学学报(人文社会科学版),2004,34(1):125-132.

[7] 李本昂.运用社交网络开展口碑营销的策略研究[J].市场研究,2011,7(7):35-35.

[8] 李东进,李研,吴波.脱销诱因与品牌概念对产品感知与购买的影响[J].管理科学,2013,26(5):63-72.

[9] 李东进,马云飞,李研.错过购买后不行动后悔的形成机制——禀赋效

应的中介作用[J]. 营销科学学报, 2013, 9 (1): 32-49.

[10] 李东进, 张成虎, 李研. 脱销的利与弊: 以感知稀缺性与心理抗拒感为中介的相似品购买意愿研究[J]. 营销科学学报, 2015, 11 (2): 34-50.

[11] 李研, 李东进, 马明龙. 促销购买限制的情境适用性研究——限时促销与限量促销的对比分析[J]. 营销科学学报, 2016, 12 (2): 58-74.

[12] 李研, 李东进, 王承璐. 饥饿营销情境下产品虚位的积极稀缺效应[J]. 中大管理研究, 2015, 10 (3): 162-188.

[13] 李英, 杨科. 汽车产品伤害危机中车主维权行为的影响因素——基于论坛帖子的扎根研究[J]. 管理学报, 2016, 13 (8): 1223-1232.

[14] 刘向阳. 口碑传播的特点与价值分析[J]. 商讯商业经济文荟, 2006 (6): 88-90.

[15] 刘迅, 周皓. 社会化媒体视域下网络恶性舆论的治理[J]. 青年记者, 2017 (20): 19-20.

[16] 刘艳. 自我建构研究的现状与展望[J]. 心理科学进展, 2011, 19 (3): 427-439.

[17] 罗彪, 丛日飞. 留、传、搜、用: 消费者行为视角下的电子口碑研究综述与展望[J]. 外国经济与管理, 2015, 37 (8): 54-64.

[18] 施卓敏, 陈永佳, 赖连胜. 网络面子意识的探究及其对社交网络口碑传播意愿的影响[J]. 营销科学学报, 2015, 11 (2): 133-151.

[19] 汤丹丹, 温忠麟. 共同方法偏差检验: 问题与建议[J]. 心理科学, 2020, 43 (1): 215-223.

[20] 汪涛, 谢志鹏, 周玲, 周南. 品牌=人?——品牌拟人化的扎根研究[J]. 营销科学学报, 2014, 10 (1): 1-20.

[21] 王建明, 贺爱忠. 消费者低碳消费行为的心理归因和政策干预路径: 一个基于扎根理论的探索性研究[J]. 南开管理评论, 2011, 14 (4): 80-89.

[22] 王沛, 冯丽娟. 应聘者印象管理研究述评[J]. 心理科学进展, 2006, 14 (5): 743-748.

[23] 武瑞娟,李东进.积极消费行为——概念与量表开发[J].管理科学,2009,22(5):72-80.

[24] 熊素红.基于个性特质的冲动性购买研究——调节导向、自我建构在冲动性购买中的作用[D].华中科技大学博士学位论文,2009.

[25] 亚历克斯·戈德费恩(Alex L. Goldfayn).社会化媒体时代的口碑营销[M].北京:企业管理出版社,2013.

[26] 张灵敏."王菊爆红"的病毒式营销研究[D].江西财经大学硕士学位论文,2019.

[27] 张伟雄,王畅.因果关系理论的建立——结构方程模型[M]//陈晓萍,徐淑英,樊景立.组织与管理研究的实证方法.北京:北京大学出版社,2009.

[28] 赵敏.上市公司自愿性信息披露中的印象管理行为分析[J].当代财经,2007(3)117-119.

[29] 周浩,龙立荣.共同方法偏差的统计检验与控制方法[J].心理科学进展,2004,12(6):942.

[30] 朱振中,李晓君,刘福,Haipeng(Allan)Chen.外观新颖性对消费者购买意愿的影响:自我建构与产品类型的调节效应[J].心理学报,2020,52(11):116-128.

[31] Abendroth L. J., Diehl K. Now or Never: Effects of Limited Purchase Opportunities on Patterns of Regret over Time [J]. Journal of Consumer Research, 2006, 33 (3): 342-351.

[32] Adamic L. A., Adar E. Friends and Neighbors on the Web [J]. Social Networks, 2003, 25 (3): 211-230.

[33] Aggarwal P., Mcgill A. L. Is that Car Smiling at Me? Schema Congruity as a Basis for Evaluating Anthropomorphized Products [J]. Journal of Consumer Research, 2007, 34 (4): 468-479.

[34] Agrawal N., Maheswaran D. The Effects of Self-construal and Commitment

on Persuasion [J]. Journal of Consumer Research, 2005, 31 (4): 841-849.

[35] Alexandrov A., Lilly B., Babakus E. The Effects of Social- and Self-motives on the Intentions to Share Positive and Negative Word of Mouth [J]. Journal of the Academy of Marketing Science, 2013, 41 (5): 531-546.

[36] Amaldoss W., Jain S. Conspicuous Consumption and Sophisticated Thinking [J]. Management Science, 2005, 51 (10): 1449-1466.

[37] Amaldoss W., Jain S. Trading up: A Strategic Analysis of Reference Group Effects [J]. Marketing Science, 2008, 27 (5): 932-942.

[38] Anderson E. Customer Satisfaction and Word of Mouth [J]. Journal of Service Research, 1998, 1 (1): 5-17.

[39] Andreoni J., Petrie R. Public Goods Experiments without Confidentiality: A Glimpse into Fund-raising [J]. Journal of Public Economics, 2004, 88 (7-8): 1605-1623.

[40] Arkin R. M. Self-presentation Styles [M] // Tedeschi J. T. Impression Management Theory and Social Psychological Research. Academic Press, 1981: 311-333.

[41] Arndt J. Role of Product-related Conversations in the Diffusion of a New Product [J]. Journal of Marketing Research, 1967, 4 (8): 291-295.

[42] Arora A. S., Sanni S. A. Ten Years of "Social Media Marketing" Research in the Journal of Promotion Management: Research Synthesis, Emerging Themes, and New Directions [J]. Journal of Promotion Management, 2019, 25 (4): 476-499.

[43] Aylesworth A. B., MacKenzie S. B. Context is Key: The Effect of Program-induced Mood on Thoughts about the ad [J]. Journal of Advertising, 1998, 27 (2): 17-31.

[44] Baker A. M., Donthu N., Kumar V. Investigating How Word-of-mouth Conversations about Brands Influence Purchase and Retransmission Intentions [J]. Journal of Marketing Research, 2016, 53 (2): 225-239.

[45] Baker J., Cameron M. The Effects of the Service Environment on Affect and Consumer Perception of Waiting Time: An Integrative Review and Research Propositions [J]. Journal of the Academy of Marketing Science, 1996, 24 (4): 338-349.

[46] Balaji M. S., Khong K. W., Chong A. Y. L. Determinants of Negative Word-of-mouth Communication Using Social Networking Sites [J]. Information & Management, 2016, 53 (4): 528-540.

[47] Balter D. The Word of Mouth Manual [M]. Boston: BZZ Pubs, 2008.

[48] Barasch A., Berger J. Broadcasting and Narrowcasting: How Audience Size Affects What People Share [J]. Journal of Marketing Research, 2014, 51 (3): 286-299.

[49] Bareket-Bojmel L., Moran S., Shahar G. Strategic Self-presentation on Facebook: Personal Motives and Audience Response to Online Behavior [J]. Computers in Human Behavior, 2016, 55: 788-795.

[50] Barreda A. A., Bilgihan A., Kageyama Y. The Role of Trust in Creating Positive Word of Mouth and Behavioral Intentions: The Case of Online Social Networks [J]. Journal of Relationship Marketing, 2015, 14 (1): 16-36.

[51] Basch J. M., Melchers K. G., Kegelmann J., Lieb L. Smile for the Camera! The Role of Social Presence and Impression Management in Perceptions of Technology-mediated Interviews [J]. Journal of Managerial Psychology, 2020, 35 (4): 285-299.

[52] Bastos W., Brucks M. How and Why Conversational Value Leads to Happiness for Experiential and Material Purchases [J]. Journal of Consumer Research, 2017, 44 (3): 598-612.

[53] Baumeister R. F., Leary M. R. The Need to Belong: Desire for Interpersonal Attachments as a Fundamental Human Motivation [J]. Psychological Bulletin, 1995, 117: 497-529.

[54] Beer J. S., Keltner D. What is Unique about Self-conscious Emotions?

[J]. Psychological Inquiry, 2004, 15 (2): 126-129.

[55] Belk R. W. Leaping Luxuries and Transitional Consumers [M] // R. Batra. Marketing Issues in Transition Economies. Boston. MA: Kluwer Academic Press, 1999.

[56] Belk R. W. Possessions and the Extended Self [J]. Journal of Consumer Research, 1988, 15: 139-167.

[57] Berger J., Heath C. Where Consumers Diverge from Others: Identitysignaling and Product Domains [J]. Journal of Consumer Research, 2007, 34 (2): 121-134.

[58] Berger J., Iyengar R. Communication Channels and Word of Mouth: How the Medium Shapes the Message [J]. Journal of Consumer Research, 2013, 40 (3): 567-579.

[59] Berger J., Milkman K. What Makes Online Content Viral? [J]. Journal of Marketing Research, 2012, 49 (2): 192-205.

[60] Berger J., Schwartz E. What Drives Immediate and Ongoing Word-of-mouth? [J]. Journal of Marketing Research, 2011, 48 (5): 869-880.

[61] Berger J., Ward M. Subtle Signals of Inconspicuous Consumption [J]. Journal of Consumer Research, 2010, 37 (4): 555-569.

[62] Berger J. Contagious: Why Things Catch on [M]. New York, NY: Simon & Schuster, Inc., 2013.

[63] Berger J. Word of Mouth and Interpersonal Communication: A Review and Directions for Future Research [J]. Journal of Consumer Psychology, 2014, 24 (4): 586-607.

[64] Berlyne D. E. Conflict, Arousal, and Curiosity [M]. New York, NY: McGraw-Hill, 1960.

[65] Bickart B., Schindler R. M. Internet Forums as Influential Sources of Consumer Information [J]. Journal of Interactive Marketing, 2001, 15 (3): 31-40.

[66] Bigné J. E., Andreu L., Gnoth J. The Theme Park Experience: An Anal-

ysis of Pleasure, Arousal and Satisfaction [J]. Tourism Management, 2005, 26 (6): 833-844.

[67] Blass F. R., Ferris G. R. Leader Reputation: The Role of Mentoring, Political Skill, Contextual Learning, and Adaptation [J]. Human Resource Management, 2010, 46 (1): 5-19.

[68] Blumberg P. The Decline and Fall of the Status Symbol: Some Thoughts on Status in a Postindustrial Society [J]. Social Problems, 1973, 21 (1): 480-498.

[69] Bolino M. C., Turnley W. H. More than One Way to Make an Impression: Exploring Profiles of Impression Management [J]. Journal of Management, 2003, 29 (2): 141-160.

[70] Botha E., Reyneke M. To Share or Not to Share: The Role of Content and Emotion in Viral Marketing [J]. Journal of Public Affairs, 2013, 13 (2): 160-171.

[71] Brewer M. B., Gardner W. Who is This "We"? Levels of Collective Identity and Self Representations [J]. Journal of Personality and Social Psychology, 1996, 71 (1): 83-93.

[72] Brown S. Torment Your Customers (They'll Love It) [J]. Harvard Business Review, 2001, 79 (9): 82-88.

[73] Bughin J., Doogan J., Vetvik O. J. A New Way to Measure Word-of-mouth Marketing [J]. McKinsey Quarterly, 2010, 2: 113-116.

[74] Buttle F. A. Word of Mouth: Understanding and Managing Referral Marketing [J]. Journal of Strategic Marketing, 1998, 6 (3): 241-254.

[75] Campbell D. T., Fiske D. Convergent and Discriminant Validation by the Multitrait-multimethod Matrix [J]. Psychological Bulletin, 1959, 56: 81-105.

[76] Carroll B. A., Ahuvia A. C. Some Antecedents and Outcomes of Brand Love [J]. Marketing Letters, 2006, 17 (2): 79-89.

[77] Chafe W., Tannen D. The Relation Between Written and Spoken Language

[J]. Annual Review of Anthropology, 1987, 16 (1): 383-407.

[78] Charles J., Manish D. How Self-construal Drives Intention for Status Consumption: A Moderated Mediated Mechanism [J]. Journal of Retailing and Consumer Services, 2020, 55.

[79] Charmaz K. Constructing Grounded Theory: A Practical Guide through Qualitative Analysis [M]. London: Sage, 2006.

[80] Cheema A., Kaikati A. M. The Effect of Need for Uniqueness on Word of Mouth [J]. Journal of Marketing Research, 2010, 47 (3): 553-563.

[81] Chen Z., Berger J. How Content Acquisition Method Affects Word of Mouth [J]. Journal of Consumer Research, 2016, 43 (1): 86-102.

[82] Chen Z., Berger J. When, Why, and How Controversy Causes Conversation [J]. Social Science Electronic Publishing, 2013, 40 (3): 580-593.

[83] Chen Z. Social Acceptance and Word of Mouth: How the Motive to Belong Leads to Divergent Wom with Strangers and Friends [J]. Journal of Consumer Research, 2017, 44 (3): 613-632.

[84] Cheung M. S., Anitsal M. M., Anitsal I. Revisiting Word-of-mouth Communications: A Cross-national Exploration [J]. Journal of Marketing Theory and Practice, 2007, 15 (3): 235-249.

[85] Chevalier J. A., Mayzlin D. The Effect of Word of Mouth on Sales: Online Book Reviews [J]. Journal of Marketing Research, 2006, 43 (3): 345-354.

[86] Chiu Y., Chiou J. C., Fang W., Lin Y. J., Wu M. Design, Fabrication, and Control of Components in MEMS-based Optical Pickups [J]. IEEE Transactions on Magnetics, 2007, 43 (2): 780-785.

[87] Chu S. C., Kim Y. Determinants of Consumer Engagement in Electronic Word-of-mouth in Social Networking Sites [J]. International Journal of Advertising, 2011, 30 (1): 47-75.

[88] Chung A., Jiang H. Handling Negative Publicity: The Influence of Emplo-

ying CSR Communication in Apology Statements in Reducing Anger and Negative Word-of-mouth (NWOM) [J]. Journal of Communication Management, 2017, 21 (4): 267-286.

[89] Chung C. M. Y., Darke P. R. The Consumer as Advocate: Self-relevance, Culture, and Word-of-mouth [J]. Marketing Letters, 2006, 17 (4): 269-279.

[90] Chung J. Y., Buhalis D. Information Needs in Online Social Networks [J]. Information Technology & Tourism, 2008, 10 (4): 267-281.

[91] Cialdini R. B. Influence: Science and Practice (5th ed.) [M]. Boston: Pearson Education, 2008.

[92] Clark H. H., Schaefer E. F. Contributing to Discourse [J]. Cognitive Science, 1989, 13 (2): 259-294.

[93] Clark R. A., Goldsmith R. E. Market Mavens: Psychological Influences [J]. Psychology & Marketing, 2005, 22 (4): 289-312.

[94] Colibazzi T., Posner J., Wang Z., Gorman D., Gerber A., Yu S., Zhu H., Kangarlu A., Duan Y., Russell J. A., Peterson B. S. Neural Systems Subserving Valence and Arousal during the Experience of Induced Emotions [J]. Emotion, 2010, 10 (3): 377-389.

[95] Colombetti G. Appraising Valence [J]. Journal of Consciousness Studies, 2005, 12: 103-126.

[96] Consiglio I., De Angelis M., Costabile M. The Effect of Social Density on Word of Mouth [J]. Journal of Consumer Research, 2018, 45 (3): 511-528.

[97] Cooney G., Gilbert D. T., Wilson T. D. The Unforeseen Costs of Extraordinary Experience [J]. Psychological Science, 2014, 25 (12): 2259-2265.

[98] Cropanzano R., Mitchell M. S. Social Exchange Theory: An Interdisciplinary Review [J]. Journal of Management, 2005, 31 (6): 874-900.

[99] Cross S. E., Bacon P. L., Morris M. L. The Relational-interdependent Self-construal and Relationships [J]. Journal of Personality and Social Psychology,

2000 (78): 791-808.

[100] Dai H., Luo X., Liao Q., Cao M. Explaining Consumer Satisfaction of Services: The Role of Innovativeness and Emotion in an Electronic Mediated Environment [J]. Decision Support Systems, 2015, 70: 97-106.

[101] Davidson R. J., Irwin W. The Functional Neuroanatomy of Emotion and Affective Style [J]. Trends in Cognitive Sciences, 1999 (3): 11-20.

[102] Davis F. D. Perceived Usefulness, Perceived Ease of Use, and User Acceptance of Information Technology [J]. MIS Quarterly, 1989, 13 (3): 319-340.

[103] De Angelis M., Bonezzi A., Peluso A., Rucker D., Costabile M. On Braggarts and Gossips: A Self-enhancement Account of Word-of-mouth Generation and Transmission [J]. Journal of Marketing Research, 2012, 49 (4): 551-563.

[104] De Keyzer F., Dens N., De Pelsmacker P. Don't Be So Emotional! How Tone of Voice and Service Type Affect the Relationship between Message Valence and Consumer Responses to WOM in Social Media [J]. Online Information Review, 2017, 41 (7): 905-920.

[105] Debono K. G., Snyder M. Understanding Consumer Decision-making Processes: The Role of Form and Function in Product Evaluation [J]. Journal of Applied Social Psychology, 1989, 19 (5): 416-424.

[106] Dholakia U. M., Bagozzi R. P., Pearo L. K. A Social Influence Model of Consumer Participation in Network- and Small-group-based Virtual Communities [J]. International Journal of Research in Marketing, 2004, 21 (3): 241-263.

[107] Diehl H. W., Shpot M. A., Prudnikov P. V. The Impact of Status Seeking on Consumers' Word of Mouth and Product Preference: A Comparison between Luxury Hospitality Services and Luxury Goods [J]. Journal of Hospitality & Tourism Research, 2013, 41 (25): 7927-7942.

[108] Dobele A., Lindgreen A., Beverland M., Vanhamme J., Van Wijk R. Why Pass on Viral Messages? Because They Connect Emotionally [J]. Business

Horizons, 2007, 50: 291-304.

[109] Doty D. H., Glick W. H. Common Methods Bias: Does Common Methods Variance Really Bias Results? [J] Organizational Research Methods, 1998, 1 (4): 374-406.

[110] Dubois D., Bonezzi A., Angelis M. D. Sharing with Friends Versus Strangers: How Interpersonal Closeness Influences Word-of-mouth Valence [J]. Journal of Marketing Research, 2016, 53 (5): 712-727.

[111] Duquesne P., Dubois B. The Market for Luxury Goods: Income Versus Culture [J]. European Journal of Marketing, 1993, 27 (1): 35-44.

[112] Dyne L. V., Vandewalle D., Kostova T., Latham M. E., Cummings L. L. Collectivism, Propensity to Trust and Self-esteem as Predictors or Organizational Citizenship in a Non-work Setting [J]. Journal of Organizational Behavior, 2000, 21 (1): 3-23.

[113] East R., Hammond K., Wright M. The Relative Incidence of Positive and Negative Word of Mouth: A Multi-category Study [J]. International Journal of Research in Marketing, 2007, 24 (2): 175-184.

[114] East R., Uncles M. D., Romaniuk J., Lomax W. Validation and Sufficiency [J]. European Journal of Marketing, 2016, 50 (3/4): 661-666.

[115] Eisingerich A. B., Chun H. E. H., Liu Y., Jia H., Bell S. J. Why Recommend a Brand Face-to-face But not on Facebook? How Word-of-mouth on Online Social Sites Differs from Traditional Word-of-mouth [J]. Journal of Consumer Psychology, 2015, 25 (1): 120-128.

[116] Ekinci Y., Sirakaya-Turk E., Preciado S. Symbolic Consumption of Tourism Destination Brands [J]. Journal of Business Research, 2013, 66 (6): 711-718.

[117] Ellison N. B., Steinfield C., Lampe C. The Benefits of Facebook "Friends": Social Capital and College Students' Use of Online Social Network Sites

[J]. Journal of Computer-mediated Communication, 2007, 12 (4): 1143-1168.

[118] Estrella-Ramón A., Ellis-Chadwick F., Bates J., Ruiz-Mafe C. Do Different Kinds of User-generated Content in Online Brand Communities Really Work? [J]. Online Information Review, 2017, 41 (7): 954-968.

[119] Falk A., Fischbacher U. A Theory of Reciprocity [J]. Games and Economic Behavior, 2006, 54 (2): 293-315

[120] Fard M. H., Marvi R. Viral Marketing and Purchase Intentions of Mobile Applications Users [J]. International Journal of Emerging Markets, 2020, 15 (2): 287-301.

[121] Feick L. F., Price L. L. The Market Maven: A Diffuser of Marketplace Information [J]. Journal of Marketing, 1987, 51 (1): 83-97.

[122] Feldman L. A. Valence Focus and Arousal Focus: Individual Differences in the Structure of Affective Experience [J]. Journal of Personality and Social Psychology, 1995, 69 (1): 153-166.

[123] Festinger L. A. A Theory of Cognitive Dissonance [M]. Stanford University Press, Stanford, 1957.

[124] Fitzgerald M. The Myth about Viral Marketing [J]. MIT Sloan Management Review, 2013, 54 (3): 15.

[125] Flynn L. R., Goldsmith R. E., Eastman J. K. Opinion Leaders and Opinion Seekers: Two New Measurement Scales [J]. Journal of the Academy of Marketing Science, 1996, 24: 137-147.

[126] Fong J., Burton S. A Cross-cultural Comparison of Electronic Word-of-mouth and Country-of-origin Effects [J]. Journal of Business Research, 2008, 61 (3): 233-242.

[127] Fox J., Cruz C., Ji Y. L. Perpetuating Online Sexism Offline: Anonymity, Interactivity, and the Effects of Sexist Hashtags on Social Media [J]. Computers in Human Behavior, 2015, 52: 436-442.

[128] Fredrickson B. L. The Role of Positive Emotions in Positive Psychology: The Broaden-and-build Theory of Positive Emotions [J]. American Psychologist, 2001, 56 (3): 218-226.

[129] Gibson B., Poposki E. M. How the Adoption of Impression Management Goals Alters Impression Formation [J]. Personality & Social Psychology Bulletin, 2010, 36 (11): 1543-1554.

[130] Gierl H., Huettl V. Are Scarce Products Always More Attractive? The Interaction of Different Types of Scarcity Signals with Products' Suitability for Conspicuous Consumption [J]. International Journal of Research in Marketing, 2010, 27 (3): 225-235.

[131] Gierl H., Plantsch M., Schweidler J. Scarcity Effects on Sales Volume in Retail [J]. The International Review of Retail, Distribution and Consumer Research, 2008, 18 (1): 45-61.

[132] Gigone D., Hastie R. The Common Knowledge Effect: Information Sharing and Group Judgment [J]. Journal of Personality & Social Psychology, 1993, 65 (5): 959-974.

[133] Gino F., Galinsky A. D. Vicarious Dishonesty: When Psychological Closeness Creates Distance from One's Moral Compass [J]. Organizational Behavior & Human Decision Processes, 2012, 119 (1): 15-26.

[134] Goel S., Watts D. J., Goldstein D. G. The Structure of Online Diffusion Networks [C]. Proceedings of the 13th ACM Conference on Electronic Commerce, Valencia, Spain, 2012, June 4-8: 623-638.

[135] Goffman E. The Presentation of Self in Everyday Life [M]. New York, NY: Doubleday, 1959.

[136] Goldenberg J., Libai B., Muller E. Talk of the Network: A Complex Systems Look at the Underlying Process of Word-of-mouth [J]. Marketing Letters, 2001, 12 (3): 211-223.

[137] Granovetter M. The Strength of Weak Ties: A Network Theory Revisited [J]. Sociological Theory, 1983, 1 (6): 201-233.

[138] Griskevicius V., Goldstein N. J., Mortensen C. R., Sundie J. M., Cialdini R. B., Kenrick D. T. Fear and Loving in Las Vegas: Evolution, Emotion, and Persuasion [J]. Journal of Marketing Research, 2009, 46 (3): 384-395.

[139] Gudykunst W. B., Yuko M., Stella T. T., Tsukasa N., Kwangsu K., and Sam H. The Influence of Cultural Individualism-collectivism, Self Construals, and Individual Values on Communication Styles Across Cultures [J]. Human Communication Research, 1996, 22 (4): 510-543.

[140] Gunawan D. D., Huarng K. H. Viral Effects of Social Network and Media on Consumers' Purchase Intention [J]. Journal of Business Research, 2015, 68 (11): 2237-2241.

[141] Hajli N., Sims J., Zadeh A. H., Richard M. O. A Social Commerce Investigation of the Role of Trust in a Social Networking Site on Purchase Intentions [J]. Journal of Business Research, 2017, 71 (1): 133-141.

[142] Ham J., Vonk R. Impressions of Impression Management: Evidence of Spontaneous Suspicion of Ulterior Motivation [J]. Journal of Experimental Social Psychology, 2011, 47 (2): 466-471.

[143] Han D. H., Agrawal N. Emotions Shape Decisions through Construal Level: The Case of Guilt and Shame [J]. Journal of Consumer Research, 2014, 41 (4): 1047-1064.

[144] Han H. S., Back K. J. Investigating the Effects of Consumption Emotions on Customer Satisfaction and Repeat Visit Intentions in the Lodging Industry [J]. Journal of Hospitality & Leisure Marketing, 2007, 15 (3): 5-30.

[145] Harris K. J., Kacmar K. M., Zivnuska S., Shaw J. D. The Impact of Political Skill on Impression Management Effectiveness [J]. Journal of Applied Psychology, 2007, 92 (1): 278-285.

［146］Harrison-Walker L. J. The Measurement of Word-of-mouth Communication and an Investigation of Service Quality and Customer Commitment as Potential Antecedents［J］. Journal of Service Research, 2001, 4（1）: 60-75.

［147］He S. X., Bond S. D. Why is the Crowd Divided? Attribution for Dispersion in Online Word of Mouth［J］. Journal of Consumer Research, 2015, 41（6）: 1509-1527.

［148］Heath C. Do People Prefer to Pass along Good or Bad News? Valence and Relevance of News as Predictor of Transmission Propensity［J］. Organizational Behavior and Human Decision Processes, 1996, 68（2）: 79-94.

［149］Heath C., Bell C., Sternberg E. Emotional Selection in Memes: The Case of Urban Legends［J］. Journal of Personality and Social Psychology, 2001, 81: 1028-1041.

［150］Hennig-Thurau T., Gwinner K., Walsh G., Gremler D. Electronic Word-of-mouth via Consumer-opinion Platforms: What Motivates Consumers to Articulate Themselves on the Internet?［J］Journal of Interactive Marketing, 2004, 18（1）: 38-52.

［151］Hinz O., Skiera B., Barrot C., Becker J. U. Seeding Strategies for Viral Marketing: An Empirical Comparison［J］. Publications of Darmstadt Technical University Institute for Business Studies, 2011, 75（6）: 55-71.

［152］Ho Y. C., Dempsey M. Viral Marketing: Motivation to forward Online Content［J］. Journal of Business Research, 2010, 63（9/10）: 1000-1006.

［153］Hooghiemstra R. Corporate Communication and Impression Management-New Perspectives Why Companies Engage in Corporate Social Reporting［J］. Journal of Business Ethics, 2000, 27（1/2）: 55-68.

［154］Howard E. S., Gardner W. L., Thompson L. The Role of the Self-concept and the Social Context in Determining the Behavior of Powder Holder: Self-construal in Intergroup Versus Dyadic Dispute Resolution Negotiations［J］. Journal of

Personality and Social Psychology, 2007 (93): 614-631.

[155] Hsu C., Lin C. C. Acceptance of Blog Usage: The Roles of Technology Acceptance, Social Influence and Knowledge Sharing Motivation [J]. Information & Management, 2008, 45 (1): 65-74.

[156] Huang L., Dou W. Brand Communication on Social Media: Effects of Non-persuasive Self-disclosure on Consumer Perceptions [J]. Journal of the Association for Consumer Research, 2016 (44).

[157] Huang N., Hong Y., Burtch G. Anonymity and Language Usage: A Natural Experiment of Social Network Integration [C]. Thirty Sixth International Conference on Information Systems, 2015: 1-10.

[158] Hussein R., Hassan S., Bates J., Ruiz-Mafe C. Customer Engagement on Social Media: How to Enhance Continuation of Use [J]. Online Information Review, 2017, 41 (7): 1006-1028.

[159] Idson L. C., Liberman N., Higgins E. T. Distinguishing Gains from Nonlosses and Losses from Nongains: A Regulatory Focus Perspective on Hedonic Intensity [J]. Journal of Experimental Social Psychology, 2000, 36 (3): 252-274.

[160] Jalali M. S., Ashouri A., Herrera-Restrepo O., Zhang H. Information Diffusion through Social Networks: The Case of an Online Petition [J]. Expert Systems with Applications, 2016 (44): 187-197.

[161] Jefferson S., Tanton S. Valuable Content Marketing: How to Make Quality Content Your Key to Success [M]. London: Kogan Page Ltd., 2015.

[162] Jung J. M., Kellaris J. J. Cross-national Differences in Proneness to Scarcity Effects: The Moderating Roles of Familiarity, Uncertainty Avoidance, and Need for Cognitive Closure [J]. Psychology & Marketing, 2004, 21 (9): 739-753.

[163] Jurvetson S., Draper T. Viral Marketing [D]. The Netscape M-Files, 1997.

[164] Kacmar K. M., Delery J. E., Ferris G. R. Differential Effectiveness of

Applicant Impression Management Tactics on Employment Interview Decisions [J]. Journal of Applied Social Psychology, 1992, 22 (16): 1250-1272.

[165] Kamins M. A., Folkes V. S., Perner L. Consumer Responses to Rumors: Good News, Bad News [J]. Journal of Consumer Psychology, 1997, 6 (2): 165-187.

[166] Kandel E. R., Schwartz J. H., Jessell T. M. Principles of Neural Science (4th ed.) [M]. New York, NY: McGraw-Hill, Health Professions Division, 2000.

[167] Kastner S., Ungerleider L. G. Mechanisms of Visual Attention in the Human Cortex [J]. Annual Review of Neuroscience, 2000, 23: 315-341.

[168] Keiningham T. L., Aksoy L., Cooil B., Andreassen T. W. Invited Commentary-net Promoter, Recommendations, and Business Performance: A Clarification on Morgan and Rego [J]. Marketing Science, 2008, 27 (3): 531-532.

[169] Keller E., Libai B. A holistic Approach to the Measurement of WOM [C]. ESOMAR Worldwide Media Measurement Conference, Stockholm, 2009.

[170] Keller K. L. Conceptualizing, Measuring, and Managing Customer-based Brand Equity [J]. Journal of Marketing, 1993, 57 (1): 1-22.

[171] Kensinger E. A., Schacter D. L. Processing Emotional Pictures and Words: Effects of Valence and Arousal [J]. Cognitive Affective & Behavioral Neuroscience, 2006, 6 (2): 110-126.

[172] Kim H., Park K., Schwarz N. Will This Trip Really be Exciting? The Role of Incidental Emotions in Product Evaluation [J]. Journal of Consumer Research, 2010, 36 (6): 983-991.

[173] Kim J., Tussyadiah I. P. Social Networking and Social Support in Tourism Experience: The Moderating Role of Online Self-presentation Strategies [J]. Journal of Travel & Tourism Marketing, 2013, 30 (1/2): 78-92.

[174] Kim J., Lee J. E. The Facebook Paths to Happiness: Effects of the Number of Facebook Friends and Self-presentation on Subjective Well-being [J]. Cyber-

psychology Behavior & Social Networking, 2011, 14 (6): 359-364.

[175] Kim H., Somerville L. H., Johnstone T., Alexander A. L., Whalen P. J. Inverse Amygdala and Medial Prefrontal Cortex Responses to Surprised Faces [J]. NeuroReport, 2003, 14: 2317-2322.

[176] Korn M. E., Maggs J. L. Why Drink Less? Diffidence, Self-presentation Styles, and Alcohol Use among University Students [J]. Journal of Youth & Adolescence, 2004, 33 (3): 201-211.

[177] Krämer N. C., Winter S. Impression Management 2.0: The Relationship of Self-esteem, Extraversion, Self-efficacy, and Self-presentation within Social Networking Sites [J]. Journal of Media Psychology Theories Methods & Applications, 2008, 20 (3): 106-116.

[178] Kristofferson K., Mcferran B., Morales A. C., Dahl D. W. Dark Side of Scarcity Promotions: How Exposure to Limited-quantity Promotions Can Induce Aggression [J]. Journal of Consumer Research, 2017, 43 (5): 683-706.

[179] Ku H. H., Kuo C. C., Yang Y. T., Chung T. S. Decision-contextual and Individual Influences on Scarcity Effects [J]. European Journal of Marketing, 2013, 47 (8): 1314-1332.

[180] Kumar K., Beyerlein M. Construction and Validation of an Instrument for Measuring Ingratiatory Behaviors in Organization Settings [J]. Journal of Applied Psychology, 1991, 76: 619-627.

[181] Kwon E. J., Mattila A. S. The Effect of Self-brand Connection and Self-construal on Brand Lovers' Word of Mouth (WOM) [J]. Cornell Hospitality Quarterly, 2015, 56 (4): 427-435.

[182] Kwortnik Jr. R. J., Ross Jr. W. T. The Role of Positive Emotions in Experiential Decisions [J]. International Journal of Research in Marketing, 2007, 24 (4): 324-335.

[183] Ladhari R. The Effect of Consumption Emotions on Satisfaction and Word-

of-mouth Communications [J]. Psychology & Marketing, 2007, 24 (12): 1085-1108.

[184] Lau G. T., Ng S. Individual and Situational Factors Influencing Negative Word-of-mouth Behaviour [J]. Canadian Journal of Administrative Sciences, 2001, 18 (3): 163-178.

[185] Leary M. R., Kowalski R. M. Impression Management: A Literature Review and Two-component Model [J]. Psychological Bulletin, 1990, 107 (1): 34-47.

[186] Leary M. R. Self-presentation: Impression Management and Interpersonal Behavior [M]. Madison, WI, US: Brown & Benchmark Publishers, 1995.

[187] Leary M. R. Impression Management, Psychology of [M]//Wright, J. International Encyclopedia of the Social & Behavioral Sciences. Elsevier Ltd., 2001: 7245-7248.

[188] Leary M. R., Tchividijian L. R., Kraxberger B. E. Self-presentation Can be Hazardous to Your Health: Impression Management and Health Risk [J]. Health Psychology, 1994, 13 (6): 461-470.

[189] Lee A. Y., Aaker J. L., Gardner W. L. The Pleasures and Pains of Distinct Self-construals: The Role of Interdependence in Regulatory Focus [J]. Journal of Personality & Social Psychology, 2000, 78 (6): 1122-1134.

[190] Lee J., Son I., Lee D. Does Online Social Network Contribute to WOM Effect on Product Sales? [J]. Research on Intelligent Information, 2012, 18 (2): 85-105.

[191] Lee L., Frederick S., Ariely D. Try It, You'll Like It: The Influence of Expectation, Consumption, and Revelation on Preferences for Beer [J]. Psychological Science, 2006, 17 (12): 1054-1058.

[192] Lee S. Y., Seidle R. Narcissists as Consumers: The Effects of Perceived Scarcity on Processing of Product Information [J]. Social Behavior and Personality,

2012, 40 (9): 1485-1500.

[193] Lee W., Xiong L., Hu C. The Effect of Facebook Users' Arousal and Valence on Intention to Go to the Festival: Applying an Extension of the Technology Acceptance Model [J]. International Journal of Hospitality Management, 2012, 31 (3): 819-827.

[194] Lee J. E., Watkins B. YouTube Vloggers' Influence on Consumer Luxury Brand Perceptions and Intentions [J]. Journal of Business Research, 2016, 69 (12): 5753-5760.

[195] Littlejohn S., Foss K. Theories of Human Communication: International Student Edition (Illustrate) [M]. New Mexico: Cengage Learning, 2008.

[196] Liu Y. Word of Mouth for Movies: Its Dynamics and Impact on Box Office Revenue [J]. Journal of Marketing, 2006, 70 (3): 74-89.

[197] Liu Z., Min Q., Zhai Q., Smyth R. Self-disclosure in Chinese Microblogging: A Social Exchange Theory Perspective [J]. Information & Management, 2016, 53 (1): 53-63.

[198] Lovett M. J., Peres R., Shachar R. On Brands and Word of Mouth [J]. Journal of Marketing Research, 2013, 50 (4): 427-444.

[199] Luarn P., Huang P., Chiu Y. P., Chen I. J. Motivations to Engage in Word-of-mouth Behavior on Social Network Sites [J]. Information Development, 2016, 32 (4): 1253-1265.

[200] Lynn M. Scarcity Effects on Value: A Quantitative Review of the Commodity Theory Literature [J]. Psychology & Marketing, 1991, 8 (1): 43-57.

[201] MacInnis D. J., Jaworski B. J. Information Processing from Advertisements: Toward an Integrative Framework [J]. Journal of Marketing, 1989, 53 (4): 1-23.

[202] Mangold W. G., Faulds D. J. Social Media: The New Hybrid Element of the Promotion Mix [J]. Business Horizons, 2009, 52 (4): 357-365.

[203] Marder B., Slade E., Houghton D., Archer-Brown C. "I Like Them, But won't 'Like' Them": An Examination of Impression Management Associated with Visible Political Party Affiliation on Facebook [J]. Computers in Human Behavior, 2016, 61: 280-287.

[204] Markus H. R., Kitayama S. Cultural Variation in the Self-concept [M]// Strauss, J., Goethals, G. R. The Self: Interdisciplinary Approaches. New York: Springer, 1991.

[205] Mehdizadeh S. Self-presentation 2.0: Narcissism and Self-esteem on Facebook [J]. Cyberpsychology Behavior and Social Networking, 2010, 13 (4): 357-364.

[206] Menon R. V., Sigurdsson V., Larsen N. M., Fagerstrøm A., Foxall G. R. Consumer Attention to Price in Social Commerce: Eye Tracking Patterns in Retail Clothing [J]. Journal of Business Research, 2016, 69 (11): 5008-5013.

[207] Mick D. G., Demoss M. Self-gifts: Phenomenological Insights from Four Contexts [J]. Journal of Consumer Research, 1990, 17 (3): 322-332.

[208] Mittal V., Huppertz J. W., Khare A. Customer Complaining: The Role of Tie Strength and Information Control [J]. Journal of Retailing, 2008, 84 (2): 195-204.

[209] Mochalova A., Nanopoulos A. A Targeted Approach to Viral Marketing [J]. Electronic Commerce Research & Applications, 2014, 13 (1-6): 283-294.

[210] Mohamed A. A., Gardner W. L., Paolillo J. P. A Taxonomy of Organizational Impression Management Tactics [J]. Advances in Competitiveness Review, 1999, 7 (1): 108-130.

[211] Moldovan S., Goldenberg J., Chattopadhyay A. The Different Roles of Product Originality and Usefulness in Generating Word of Mouth [J]. International Journal of Research in Marketing, 2011, 28 (2): 109-119.

[212] Moldovan S., Steinhart Y., Ofen S. "Share and Scare": Solving the

Communication Dilemma of Early Adopters with a High Need for Uniqueness [J]. Journal of Consumer Psychology, 2015, 25 (1): 1-14.

[213] Moore S. G. Some Things are Better Left Unsaid: How Word of Mouth Influences the Storyteller [J]. Journal of Consumer Research, 2012, 38 (6): 1140-1154.

[214] Morgan N. A., Rego L. L. The Value of Different Customer Satisfaction and Loyalty Metrics in Predicting Business Performance [J]. Marketing Science, 2006, 25 (5): 426-439.

[215] Mullainathan S., Shafir E. Scarcity: Why Having Too Little Means So Much [M]. New York, NY: Times Books, 2013.

[216] Newman M. Networks: An Introduction [M]. Oxford: Oxford University Press, 2009.

[217] Noseworthy T. J., Muro F. D., Murray K. B. The Role of Arousal in Congruity-based Product Evaluation [J]. Journal of Consumer Research, 2014, 41 (4): 1108-1126.

[218] O'Cass A., Mcewen H. Exploring Consumer Status and Conspicuous Consumption [J]. Journal of Consumer Behaviour, 2004, 4 (1): 25-39.

[219] Oh H. J., Larose R. Impression Management Concerns and Support-seeking Behavior on Social Network Sites [J]. Computers in Human Behavior, 2016, 57: 38-47.

[220] Olson N. J., Rohini A. When Sharing Isn't Caring: The Influence of Seeking the Best on Sharing Favorable Word of Mouth about Unsatisfactory Purchases [J]. Journal of Consumer Research, 2020.

[221] Ong E. Y. L., Ang R. P., Ho J. C. M., Lim J. C. Y., Goh D. H., Lee C. S., Chua A. Y. K. Narcissism, Extraversion and Adolescents' Self-presentation on Facebook [J]. Personality & Individual Differences, 2011, 50 (2): 180-185.

[222] Onishi H., Manchanda P. Marketing Activity, Blogging and Sales

[J]. International Journal of Research in Marketing, 2012, 29: 221-234.

[223] Orina M., Wood W., Simpson J. A. Styles of Influence in Close Relationships [J]. Journal of Experimental Social Psychology, 2002, 38: 459-472.

[224] Packard G., Berger J. How Language Shapes Word of Mouth's Impact [J]. Journal of Marketing Research, 2017, 44 (4): 572-588.

[225] Paley A., Tully S. M., Sharma E. Too Constrained to Converse: The Effect of Financial Constraints on Word of Mouth [J]. Journal of Consumer Research, 2018, 45 (5): 889-905.

[226] Pandit N. R. The Creation of Theory: A Recent Applicant of the Grounded Theory Method [J]. The Qualitative Report, 1960, 2 (4): 1-20.

[227] Paniculangara J., Pacheco B. Effects of Tie Strength and Tie Valence on Consumer Word-of-mouth Communication and Altruistic Intentions [J]. Advances in Consumer Research, 2008, 8: 324-325.

[228] Paradiso S., Johnson D. L., Andreasen N. C., O'Leary D. S., Watkins G. L., Ponto L. L., Hichwa R. D. Cerebral Blood Flow Changes Associated with Attribution of Emotional Valence to Pleasant, Unpleasant, and Neutral Visual Stimuli in a PET Study of Normal Subjects [J]. American Journal of Psychiatry, 1999, 156: 1618-1629.

[229] Parker J. R., Lehmann D. R. When Shelf-based Scarcity Impacts Consumer Preferences [J]. Journal of Retailing, 2011, 87 (2): 142-155.

[230] Paulhus D. L. Measurement and Control of Response Bias [A] // Robinson J. P., Shaver P. R., Wrightsman L. S. Measurement of Personality and Social Psychological Attitudes [M]. San Diego: Academic Press, 1991.

[231] Pérez-Peña R. News Sites Rethink Anonymous Online Comments [N]. New York Times, 2010-4-12.

[232] Peterson A. M. The Role of Surveyor-Perceived Anonymity within Social Network Sites [D]. MA dissertation, Ohio State University, US, 2012.

[233] Phelps PH, Lewis R., Mobilio L., Perry D., RamanN. Viral Marketing or Electronic Word-of-mouth Advertising: Examining Consumer Responses and Motivations to Pass along Email [J]. Journal of Advertising Research, 2004, 44 (4): 333-348.

[234] Phillips M., Spitzberg B. H. Speculating about Spying on MySpace and Beyond: Social Network Surveillance and Obsessive Relational Intrusion [M] // Wright K. B., Webb L. M. Computer-mediated Communication in Personal Relationships. New York: Peter Lang Publishing Company, 2010: 344-365.

[235] Podsakoff N. P., Organ D. W. Self-reports in Organizational Research: Problems and Prospects [J] Journal of Management, 1986, 12 (4): 531-544.

[236] Podsakoff P. M., Mackenzie S. B., Lee J. Y., Podsakoff N. P. Common Method Biases in Behavioral Research: A Critical Review of the Literature and Recommended Remedies [J]. Journal of Applied Psychology, 2003, 88 (5): 879-903.

[237] Popovic M., Milne D., Barrett P. The Scale of Perceived Interpersonal Closeness (PICS) [J]. Clinical Psychology & Psychotherapy, 2003, 10 (5): 286-301.

[238] Pornpitakpan C. The Effect of Celebrity Endorsers' Perceived Credibility on Product Purchase Intention [J]. Journal of International Consumer Marketing, 2004, 16 (2): 55-74.

[239] Porter C. E., Donthu N. Using the Technology Acceptance Model to Explain How Attitudes Determine Internet Usage: The Role of Perceived Access Barriers and Demographics [J]. Journal of Business Research, 2006, 59 (9): 999-1007.

[240] Posner J., Russell J. A., Peterson B. S. The Circumplex Model of Affect: An Integrative Approach to Affective Neuroscience, Cognitive Development, and Psychopathology [J]. Development and Psychopathology, 2005, 17: 715-734.

[241] Preacher K. J., Rucker D. D., Hayes A. F. Addressing Moderated Mediation Hypotheses: Theory, Methods, and Prescriptions [J]. Multivariate Behavioral

Research, 2007, 42 (1): 185-227.

[242] Puntoni S., Tavassoli N. T. Social Context and Advertising Memory [J]. Journal of Marketing Research, 2007, 44 (2): 284-296.

[243] Qian W., Razzaque M. A., Keng K. A. Chinese Cultural Values and Gift-giving Behavior [J]. Journal of Consumer Marketing, 2007, 24 (4): 214-228.

[244] Ransbotham S., Lurie N. H., Liu H. Creation and Consumption of Mobile Word of Mouth: How are Mobile Reviews Different? [J]. Marketing Science, 2019, 38 (5): 773-792.

[245] Ratner R. K., Kahn B. E. The Impact of Private Versus Public Consumption on Variety-seeking Behavior [J]. Journal of Consumer Research, 2002, 27 (2): 246-257.

[246] Richardson H. A., Simmering M. J., Sturman M. C. A Tale of Three Perspectives: Examining Post Hoc Statistical Techniques for Detection and Correction of Common Method Variance [J]. Organizational Research Methods, 2009, 12 (4): 762-800.

[247] Rimé B. Emotion Elicits the Social Sharing of Emotion: Theory and Empirical Review [J]. Emotion Review, 2009, 1 (1): 60-85.

[248] Rogers E. M. A Diffusion of Innovations [M]. New York, NY: Free Press, 2003.

[249] Rolls E T. The Brain and Emotion [M]. Oxford, England: Oxford University Press, 1999.

[250] Rosenfeld P. Impression Management, Fairness, and the Employment Interview [J]. Journal of Business Ethics, 1997 (16): 801-808.

[251] Roth D. L., Snyder C. R., Pace L. M. Dimensions of Favorable Self-presentation [J]. Journal of Personality and Social Psychology, 1986, 51: 867-874.

[252] Roux C., Goldsmith K., Bonezzi A. On the Psychology of Scarcity: When

Reminders of Resource Scarcity Promote Selfish (and Generous) Behavior [J]. Journal of Consumer Research, 2015, 42 (4): 615-631.

[253] Roy R., Rabbanee F. K., Sharma P. Exploring the Interactions among External Reference Price, Social Visibility and Purchase Motivation in Pay-what-you-want Pricing [J]. European Journal of Marketing, 2016, 50 (5/6): 816-837.

[254] Rubin H. J., Rubin I. S. Qualitative Interviewing: The Art of Hearing Data [M]. Sage Publications, 1995.

[255] Rushkoff D. Media Virus [M]. New York: Ballantine Books, 1994: 16.

[256] Russell J. A. A Circumplex Model of Affect [J]. Journal of Personality & Social Psychology, 1980, 39 (6): 1161-1178.

[257] Russell J. A. Core Affect and the Psychological Construction of Emotion [J]. Psychological Review, 2003, 110 (1): 145-172.

[258] Russell J. A., Weiss A., Mendelsohn G. A. Affect Grid: A Single-item Scale of Pleasure and Arousal [J]. Journal of Personality and Social Psychology, 1989, 57: 493-502.

[259] Ruvio A., Bagozzi R. P., Hult G. T. M., Spreng R. Consumer Arrogance and Word-of-mouth [J]. Journal of the Academy of Marketing Science, 2020, 48 (5): 1116-1137.

[260] Sala L. L., Skues J., Grant S. Personality Traits and Facebook Use: The Combined/interactive Effect of Extraversion, Neuroticism and Conscientiousness [J]. Social Networking, 2014, 3 (5): 211-219.

[261] Salerno A., Laran J., Janiszewski C. Pride and Regulatory Behavior: The Influence of Appraisal Information and Self-regulatory Goals [J]. Journal of Consumer Research, 2015, 42 (3): 499-514.

[262] Sarason B. R., Shearin E. N., Pierce G. R., Sarason I. G. Interrelations of Social Support Measures: Theoretical and Practical Implications [J]. Journal of

Personality and Social Psychology, 1987, 52: 813-832.

[263] Sarter M., Givens B., Bruno J. P. The Cognitive Neuroscience of Sustained Attention: Where Top-down Meets Bottom-up [J]. Brain Research: Brain Research Reviews, 2001 (35): 146-160.

[264] Schau H. J., Gilly M. C. We are What We Post? Self-presentation in Personal Web Space [J]. Journal of Consumer Research, 2003, 30 (3): 385-404.

[265] Schmitt P., Skiera B., Van den Bulte C. Referral Programs and Customer Value [J]. Journal of Marketing, 2011, 75 (1): 46-59.

[266] Sedikides C., Brewer M. B. Individual Self, Relational Self, and Collective Self: Partners, Opponents, or Strangers? [M] //Sedikides C., Brewer M. B. Individual Self, Relational Self, Collective Self. Philadelphia: Psychology Press, 2001.

[267] Sernovitz A. Word of Mouth Marketing: How Smart Companies Get People Talking [M]. Chicago: Kaplan Publishing, 2006.

[268] Sevilla J., Redden J. P. Limited Availability Reduces the Rate of Satiation [J]. Journal of Marketing Research, 2014, 51 (2): 205-217.

[269] Shah A. K., Mullainathan S., Shafir E. Some Consequences of Having Too Little [J]. Science, 2012, 338 (6107): 682-685.

[270] Sharma P. Demystifying Cultural Differences in Country-of-origin Effects: Exploring the Moderating Roles of Product Type, Consumption Context, and Involvement [J]. Journal of International Consumer Marketing, 2011, 23 (5): 344-364.

[271] Shen H., Sengupta J. Word of Mouth Versus Word of Mouse: Speaking about a Brand Connects You to It More than Writing Does [J]. Journal of Consumer Research, 2018, 45 (3): 595-614.

[272] Shugan S. M., Xie J. Advance-selling as a Competitive Marketing Tool [J]. International Journal of Research in Marketing, 2005, 22 (3): 351-373.

[273] Siibak A. Constructing the Self through the Photo Selection: Visual Impression Management on Social Networking Websites [J]. Cyberpsychology: Journal

of Psychosocial Research on Cyberspace, 2009, 3 (1): 1-9.

[274] Silvia P. J. Exploring the Psychology of Interest [M]. New York, NY: Oxford University Press, 2006.

[275] Silvia P. J. Interest—the Curious Emotion [J]. Psychological Science, 2008, 17 (1): 57-60.

[276] Singelis T. The Measurement of Independent and Interdependent Self-construals [J]. Personality and Social Psychology Bulletin, 1994, 20 (May): 580-591.

[277] Skues J. L., Williams B., Wise L., Skues J. L., Williams B., Wise L. The Effects of Personality Traits, Self-esteem, Loneliness, and Narcissism on Facebook Use among University Students [J]. Computers in Human Behavior, 2012, 28: 2414-2419.

[278] Smith R. H., Kim S. H. Comprehending Envy [J]. Psychological Bulletin, 2007, 133 (1): 46-64.

[279] Snyder M. Self-monitoring of Expressive Behavior [J]. Journal of Personality and Social Psychology, 1974, 30: 526-537.

[280] Speer S. A. The Interactional Organization of Self-praise: Epistemics, Preference Organisation and Implications for Identity Research [J]. Social Psychology Quarterly, 2012, 75 (1): 52-79.

[281] Steenkamp J. B., Gielens K. Consumer and Market Drivers of the Trial Probability of New Consumer Packaged Goods [J]. Journal of Consumer Research, 2003 (30): 368-384.

[282] Stevens C. K., Kristof A. L. Making the Right Impression: A Field Study of Applicant Impression Management during Job Interviews [J]. Journal of Applied Psychology, 1995, 80 (5): 587-606.

[283] Strauss A. Qualitative Analysis for Social Scientists [M]. Cambridge, UK: Cambridge University Press, 1987.

［284］Subrahmanyam K., Šmahel D. Digital Youth: The Role of Media in Development［M］. New York: Springer, 2010.

［285］Sugathan P., Ranjan K. R. When Co-production Fails: The Role of Customer's Internal Attributions and Impression Management Concerns［J］. Journal of Business Research, 2020, 121: 535-548.

［286］Sun H., Zhang P. The Role of Moderating Factors in User Technology Acceptance［J］. International Journal of Human-Computer Studies, 2006, 64 (2): 53-78.

［287］Sundaram D. S., Mitra K., Webster C. Word-of-mouth Communications: A Motivational Analysis［J］. Advances in Consumer Research, 1998 (25): 527-531.

［288］Sung E. C. The Effects of Augmented Reality Mobile App Advertising: Viral Marketing via Shared Social Experience［J］. Journal of Business Research, 2021 (122): 75-87.

［289］Swanson S. R., Kelley S. W. Service Recovery Attributions and Word-of-mouth Intentions［J］. European Journal of Marketing, 2013, 35 (1/2): 194-211.

［290］Tamir D. I., Mitchell J. P. Disclosing Information about the Self is Intrinsically Rewarding［J］. Proceedings of the National Academy of Sciences, 2012, 109 (21): 8038-8043.

［291］Tax S. S., Chandrashekaran M., Christiansen T. Word-of-mouth in Consumer Decision-making: An Agenda for Research［J］. Journal of Consumer Satisfaction, Dissatisfaction and Complaining Behavior, 1993, 6: 74-80.

［292］Terman A. W. The Desire for Unique Consumer Products: A Moderator of the Scarcity Polarization Phenomenon?［D］. Ohio State University, 2007.

［293］Terrero R. Luxury Trend: Small and Exotic Travel［J］. Luxury Travel Advisor, 2012: 6.

［294］Thomas S. L., Skitka L. J., Christen S., Jurgena M. Social Facilitation and Impression Formation［J］. Basic and Applied Social Psychology, 2002, 24

(1): 67-70.

[295] Thurlow C., Jaworski A. Visible-invisible: The Social Semiotics of Labour in Luxury Tourism [M]//Birtchnell T., Caletrío J. Elite Mobilities. New York, NY: Routledge, 2013: 176-193.

[296] Tong S. T., Brandon V. D. H., Langwell L., Walther J. B. Too Much of a Good Thing? The Relationship between Number of Friends and Interpersonal Impressions on Facebook [J]. Journal of Computer-mediated Communication, 2008, 13 (3): 531-549.

[297] Tracy J. L., Robins R. W. The Psychological Structure of Pride: A Tale of Two Facets [J]. Journal of Personality and Social Psychology, 2007, 92 (3): 506-525.

[298] Trusov M., Bucklin R. E., Pauwels K. Effects of Word-of-mouth Versus Traditional Marketing: Findings from an Internet Social Networking Site [J]. Journal of Marketing, 2009, 73 (5): 90-102.

[299] Tsai W. C., Chen C. C., Chiu S. F. Exploring Boundaries of the Effects of Applicant Impression Management Tactics in Job Interviews [J]. Journal of Management, 2005, 31 (1): 108-125.

[300] Tully S. M., Hershfield H. E, Meyvis T. Seeking Lasting Enjoyment with Limited Money: Financial Constraints Increase Preference for Material Goods over Experiences [J]. Journal of Consumer Research, 2015, 42 (1): 59-75.

[301] Utz S., Tanis M., Vermeulen I. It is All about Being Popular: The Effects of Need for Popularity on Social Network Site Use [J]. Cyberpsychology, Behavior, and Social Networking, 2012, 15 (1): 37-42.

[302] Valenzuela A., Mellers B., Strebel J. Pleasurable Surprises: A Cross-cultural Study of Consumer Responses to Unexpected Incentives [J]. Journal of Consumer Research, 2010, 36 (5): 792-805.

[303] Van den Bulte C., Wuyts S. H. K. Leveraging Customer Networks [J]. Network Challenge Strategy Profit and Risk in an Interlinked World, 2009: 243-258.

[304] Van den Bulte C., Joshi Y. V. New Product Diffusion with Influentials and Imitators [J]. Marketing Science, 2007, 26 (3): 400-421.

[305] Vangelisti A. L., Knapp M. L., Daly J. A. Conversational Narcissism [J]. Communication Monographs, 1990, 57 (4): 251-274.

[306] Verhallen T. M. M, Robben H. S. J. Scarcity and Preference: An Experiment on Unavailability and Product Evaluation [J]. Journal of Economic Psychology, 1994, 15 (2): 315-331.

[307] Verma S., Yadav N. Past, Present, and Future of Electronic Word of Mouth (EWOM) [J]. Journal of Interactive Marketing, 2021, 53: 111-128.

[308] Weingarten E., Berger J. Fired Up for the Future: How Time Shapes Sharing [J]. Journal of Consumer Research, 2017, 44 (2): 432-447.

[309] Westbrook R. A. Product Consumption-based Affective Response and Postpurchase Process [J]. Journal of Marketing Research, 1987, 24 (3): 258-270.

[310] Wetzer I. M., Zeelenberg M., Pieters R. Never Eat in that Restaurant, I did!: Exploring Why People Engage in Negative Word-of-mouth Communication [J]. Psychology & Marketing, 2007, 24 (8): 661-680.

[311] Whalen P. J., Shin L. M., McInerney S. C., Fischer H., Wright C. I., Rauch S. L. A Functional MRI Study of Human Amygdala Responses to Facial Expressions of Fear Versus Anger [J]. Emotion, 2001, 1: 70-83.

[312] Whyte W. H. The Web of Word of Mouth [J]. Fortune, 1954, 50 (11): 140-143.

[313] Woerndl M., Papagiannidis S., Bourlakis M., Li F. Internet-induced Marketing Techniques: Critical Factors in Viral Marketing Campaigns [J]. International Journal of Business Science and Applied Management, 2008, 3 (1): 33-45.

[314] Wojnicki A. C., Godes D. Signaling Success: Word of Mouth as Self-enhancement [J]. Customer Needs & Solutions, 2017, 4 (1): 1-15.

[315] Wolfe R. N., Lennox R. D., Cutler B. L. Getting along and Getting

Ahead: Empirical Support for a Theory of Protective and Acquisitive Self-presentation [J]. Journal of Personality & Social Psychology, 1986, 50 (2): 356-361.

[316] Wright R. A. Desire for Outcomes that are More and Less Difficult to Attain: Analysis in Terms of Energization Theory [J]. Basic and Applied Social Psychology, 1992, 13 (1): 25-45.

[317] Yang W., Mattila A. S. The Impact of Status Seeking on Consumers' Word of Mouth and Product Preference: A Comparison Between Luxury Hospitality Services and Luxury Goods [J]. Journal of Hospitality & Tourism Research, 2017, 41 (1): 3-22.

[318] Yap K. B., Soetarto B., Sweeney J. C. The Relationship between Electronic Word-of-mouth Motivations and Message Characteristics: The Sender's Perspective [J]. Australasian Marketing Journal, 2013, 21 (1): 66-74.

[319] Zhang Y., Feick L., Mittal V. How Males and Females Differ in Their Likelihood of Transmitting Negative Word of Mouth [J]. Journal of Consumer Research, 2014, 40 (6): 1097-1108.

[320] Zhang Y. The Impact of Self-construal on Consumer Decision Making [D]. American, University of Pittsburgh, 2004.

[321] Zhao M., Xie J. Effects of Social and Temporal Distance on Consumers' Responses to Peer Recommendations [J]. Journal of Marketing Research, 2013, 48 (3): 486-496.

[322] Zhou X., Wildschut T., Sedikides C., Shi K., Feng C. Nostalgia: The Gift that Keeps on Giving [J]. Journal of Consumer Research, 2012, 39 (1): 39-50.

[323] Zhu Z., Nakata C., Sivakumar K., Grewal D. Fix It or Leave It? Customer Recovery from Self-service Technology Failures [J]. Journal of Retailing, 2013, 89 (1): 15-29.